Elogios para
La mañana milagrosa para emprendedores

"Siempre he sido un noctámbulo, así que la idea de comenzar una actividad matutina nunca fue una opción para mí, ni un plan que me atrajera. Mi rutina diaria funcionaba muy bien y era acorde con el horario en el que yo funcionaba en ese momento, así que ¿para qué cambiarla si no había nada de malo en ella? Sin embargo, seguía escuchando sobre lo valiosas que son las actividades matutinas en el éxito, el estado de ánimo y la vida de la gente. Así que decidí comprometerme y darle una oportunidad a *La mañana milagrosa para emprendedores*. Ya llevo más de un año poniendo en práctica esta nueva forma de comenzar el día y estoy viendo grandes cambios tanto en mi concentración, como en mi estado anímico y en lo mucho que logro hacer hoy en día".

—Pat Flynn, autor de *Will It Fly?*, bestseller de *Wall Street Journal* y presentador del podcast clasificado como #1, *Smart Passive Income*

"Soy fanática de las soluciones prácticas para resolver grandes problemas y *La mañana milagrosa para emprendedores* es justo eso, una estrategia sencilla, pero con la capacidad de lograr cambios masivos en tu trabajo y en tu vida. De hecho, mi actividad matutina fue la solución que me permitió estar al lado de mi hijo mientras se encontraba en estado de coma en una UCI y a la vez lanzar mi *bestseller* de *The New York Times*".

— JJ Virgin, fundadora de JJ Virgin & Associates y Mindshare Collaborative

"Los emprendedores somos los creadores y visionarios de este mundo y, muy a menudo, pensamos que necesitamos un lienzo en blanco para crear nuestro propio universo. Sin embargo, he aprendido que añadir a nuestra vida una estructura y una rutina positiva, en especial, durante las primeras horas de la mañana, es crucial para alcanzar nuestros sueños más preciados. Incluso si tú no eres un 'madrugador', este es el plan de acción que necesitas para lograr grandes cosas".

—**Yanik Silver, autor de** *Evolved Enterprise* **y fundador de Maverick1000**

"Nunca pensé que diría esto de un 'libro que habla sobre madrugar', pero *La mañana milagrosa*, CAMBIÓ MI VIDA. Sí, leíste bien. Por años, he dicho que no soy 'madrugador' y fue así durante mucho tiempo. De hecho, una de mis razones para querer ser emprendedor era mi deseo de poder dormir hasta tarde. No tener un reloj con un despertador programado, ni que levantarme antes del amanecer. Quería levantarme cuando quisiera.

Sin embargo, cuando comencé a leer *La mañana milagrosa*, me causó curiosidad ver si yo sería capaz de romper con mis puntos de vista y mis razones tan arraigadas. Y así fue. Después de leer este libro, comencé a levantarme a las 4:00 a.m. para ir al gimnasio. Sí, leíste bien —a las TERRIBLES CUATRO A.M—. Como resultado, mis días son mucho más productivos y estoy viendo con mis propios ojos que mi físico sí está cambiando. Nunca pensé que sería uno de esos sujetos extraños que se levantan a las 4:00 a.m., pero ahora, soy uno de ellos. Lo hago cinco veces a la semana y, casi siempre, sin necesidad de la alarma de mi despertador".

—**MJ DeMarco, ex Director Ejecutivo de Limos.com y autor del bestseller** *The Millionaire Fastlane*

HAL ELROD - CAMERON HEROLD

THE MIRACLE MORNING
La MAÑANA MILAGROSA para EMPRENDEDORES

CRECE TÚ PARA QUE TU NEGOCIO CREZCA

TALLER DEL ÉXITO

La mañana milagrosa para emprendedores

Copyright © 2024 - Taller del Éxito - Hal Elrod y Cameron Herold

Título original: *Miracle morning for entrepeneurs : Elevate yourself to elevate your bussiness* Copyright © 2016 by Hal Elrod International, Inc.

Traducción al español: Copyright © 2019 Taller del Éxito, Inc.

Reservados todos los derechos. Ninguna parte de esta publicación puede ser reproducida, distribuida o transmitida por ninguna forma o medio, incluyendo: fotocopiado, grabación o cualquier otro método electrónico o mecánico, sin la autorización previa por escrito del autor o editor, excepto en el caso de breves reseñas utilizadas en críticas literarias y ciertos usos no comerciales dispuestos por la Ley de Derechos de Autor.

Publicado por:
Taller del Éxito, Inc.
1669 N.W. 144 Terrace, Suite 210
Sunrise, Florida 33323
Estados Unidos
www.tallerdelexito.com

Editorial dedicada a la difusión de libros y audiolibros de desarrollo y crecimiento personal, liderazgo y motivación.

Traducción: Eduardo Nieto Horta
Corrección de estilo: Nancy Camargo Cáceres
Diagramación: Joanna Blandon
Diseño de carátula: Diego Cruz

ISBN: 978-1607387848

25   26   27   28   29   R|GIN   11   10   09   08   07

Dedicatoria

Hal

Este libro, en particular, se los dedico a mis compañeros emprendedores —tanto a aquellos que hemos estado en esto durante mucho tiempo como a ustedes, los que hasta ahora están comenzando—. Los admiro por su valor para aventurarse hacia lo desconocido, por querer darle valor al mundo e ir en busca de su libertad y la de sus familias.

Sin embargo, ninguno de nosotros ha triunfado solo. Respaldar a todo gran emprendedor genera un círculo de influencia que contribuye a darle forma a nuestro recorrido y, a menudo, ha sido la razón por la cual estamos dispuestos a invertir tantas horas.

En el centro de mi círculo está mi esposa, Úrsula, la mujer de mis sueños, cuyo apoyo hace posible mi trabajo. Gracias por creer en mí cuando ni yo he creído en mí mismo. A nuestros hijos, Sophie y Halsten, ustedes me inspiran a hacer más, a ser más, a crear más y los amo más que a nada en el mundo.

Por último, quiero agradecerle a Cameron Herold por trabajar conmigo en la coautoría de este libro. Ya era uno de sus fans desde mucho antes de conocerlo en persona, así que ha sido un honor juntar nuestras mentes para escribir entre los dos lo que creemos que será un generador de cambio para nuestros lectores.

Cameron

Quiero agradecerles a todos los emprendedores y directores ejecutivos que he entrenado formalmente durante la última década. Sus rutinas y sed de aprendizaje también me han inspirado a crecer.

Por sobre todo, gracias a mi esposa Kimberly, la mujer más asombrosa que he conocido —ella es una bendición en mi vida— y estaría perdido sin ella.

También les agradezco a nuestros hijos, Aidan, Connor, Hannah y Emily —gracias por permitirme ir tras mis sueños en el mundo de los negocios, lo cual me da el tiempo libre para construir recuerdos junto a todos ustedes. ¡Los amo a todos!

Contenido

Una invitación especial de Hal 11
Prólogo por Lewis Howes 13
Una nota de Hal 15
Una nota de Cameron: Mis mañanas milagrosas 17

Sección I. *La mañana milagrosa* y los *S.A.V.E.R.S.* de vida

1. Por qué son importantes las mañanas (más de lo que tú crees)...23
Y por qué son de tanta importancia para el éxito de un emprendedor (y qué sucede cuando no las aprovechas).

2. Solo se necesitan cinco minutos para convertirse en un madrugador 33
Aunque nunca hayas sido un madrugador, aquí encontrarás la manera más efectiva de superar los desafíos de levantarte temprano, sobreponerte a la tentación de apagar el despertador y lograr al fin aprovechar al máximo tus mañanas.

3. Los *S.A.V.E.R.S.* de vida para emprendedores 45
Aprovecha el poder transformador de las prácticas más efectivas y comprobadas por la humanidad en lo referente al desarrollo personal, por medio de las cuales alcanzarás los niveles de éxito que realmente deseas y mereces (en cualquier área de tu vida).

Sección II: Las destrezas de crecimiento del emprendedor

4. Destreza #1. Autoliderazgo 91
Descubre por qué la persona en quien te *estás convirtiendo* es mucho más evidente que lo que dices y haces a diario y cómo *autoliderarte* para alcanzar tu siguiente nivel de éxito (porque las cosas solo se dan en ese orden).

5. Destreza #2. Ingeniería energética 131

Cuando se trata de dirigir una empresa, administrar tu energía es tan importante como administrar tu tiempo. Aprende a diseñar tus días de manera estratégica para mantener extraordinarios niveles de energía física, mental y emocional.

6. Destreza #3. Concentración óptima 157

Aumenta tu productividad y obtén mayores resultados siendo consistente en el desarrollo de tus habilidades para priorizar, planear y mantener una concentración inquebrantable en el logro de tus objetivos primordiales a pesar de las fuerzas y distracciones externas.

Sección III. Los principios de crecimiento del emprendedor

7. Principio #1. Crea una visión vívida 179

Haz que tu empresa crezca al crear una visión vívida del futuro que inspire y guíe a tus empleados, proveedores y clientes.

8. Principio #2. Delega todo, excepto tu genialidad 207

Para concentrarte en las tareas y los proyectos más valiosos para el crecimiento de tu negocio, delega todo, menos tu genialidad.

9. Principio #3. Yin Yang: Un COO apalancador 217

Para hacer crecer tu empresa, contrata un director de operaciones que sea tu alma gemela en los negocios, cuyas habilidades y fortalezas complementen las tuyas.

10. Desafío 30 días con *La mañana milagrosa* 229

Juntándolo todo: Sigue este comprobado y práctico proceso de 30 días (incluyendo la estrategia más efectiva de tres fases para mantener tus nuevos hábitos) y seguirás mejorando constantemente tus resultados... incluso mucho tiempo después de haber leído este libro.

Capítulo adicional. La Ecuación Milagrosa y la Fórmula de Éxito del Emprendimiento 235

Conclusión. Que hoy sea el día en que renunciarás a quien has sido para ser quien puedes llegar a ser 255

Acerca de los autores 257

Una invitación especial de Hal

Los lectores y practicantes de *La mañana milagrosa* han ido conformando una extraordinaria comunidad integrada por más de 200.000 personas alrededor del mundo con una mentalidad similar: levantarse cada día con *un propósito definido* y dedicar tiempo para alcanzar el potencial ilimitado que todos tenemos en nuestro interior a la vez que les ayudan a otros a hacer lo mismo.

Como autor de *La mañana milagrosa*, sentí que tenía la responsabilidad de crear una comunidad en línea en la que los lectores tuvieran la posibilidad de reunirse para hacer conexiones, recibir ánimo, compartir buenas prácticas, apoyarse unos a otros, conversar sobre los libros, publicar videos, encontrar compañeros de rendición de cuentas y hasta compartir recetas de batidos y rutinas de ejercicios.

Sin embargo, para ser sincero, no tenía ni la menor idea de que la comunidad de *La mañana milagrosa* se convertiría en una de las comunidades en línea más positiva, comprometida y de apoyo alrededor del mundo, pero así es. No dejo de sorprenderme por el calibre y el carácter de nuestros miembros, quienes, en la actualidad, pertenecen a más de 70 países y cuya membresía sigue creciendo a diario.

Prólogo

Por Lewis Howes
—Autor de *The School of Greatness,*
bestseller* de *The New York Times

Elegir ser un emprendedor es, sin lugar a duda, uno de los rumbos profesionales más desafiantes para cualquiera que decida recorrerlo. Detrás de la seducción de las posibilidades de libertad, flexibilidad, desarrollar el potencial ilimitado y hacer realidad los sueños, yace una fría realidad que incluye infinidad de días tan largos que terminan convirtiéndose en trasnochos, semana tras semana, año tras año. La incertidumbre, la inseguridad, los fracasos, los errores y las decepciones hacen parte del viaje de todo emprendedor.

Aun así, los emprendedores eligen seguir adelante con su tarea autoimpuesta de ascender el Everest, porque saben que son capaces de lograrlo. Y, debido al impacto que causan en el mundo, vale la pena enfrentar todos esos desafíos.

Sin embargo, el emprendimiento no tiene porqué ser una labor tan extenuante como muchos la describen. Si te comprometes con los hábitos y las prioridades que te ayudan a funcionar al máximo cada día, superarás mucho del estrés, la fatiga y el agobio que invaden a la mayoría de emprendedores.

Como exjugador de dos equipos profesionales de fútbol americano, y como actual jugador del Equipo Nacional de Balónmano de los Estados Unidos, desde muy temprano aprendí que mis hábitos como deportista y emprendedor determinan el nivel de éxito de mis sueños.

Es innegable que *La mañana milagrosa para emprendedores* es el libro más importante en cuanto a cómo jugar tus cartas frente a las realidades de tu vida para implementar los hábitos y las prioridades que te permitan alcanzar tus sueños. Esta es la brújula ideal para orientarte hacia qué poner en el primer lugar de tu lista —todos los días— para asegurarte de ascender a las alturas del emprendimiento con confianza y energía duraderas. No hay mejor manera de disponerte a ganar que invirtiendo a diario en todos estos hábitos positivos. Si lo haces, todo lo que te atrae del emprendimiento y la plenitud llegará a ser tu realidad.

Firmado,

Lewis Howes

Una nota de Hal

Bienvenido a *La mañana milagrosa*. Creo que podemos decir que tenemos, como mínimo, *una* meta en común (quizá, más de una, pero, por lo menos, estamos seguros de esta): todos *queremos mejorar nuestra vida y mejorarnos a nosotros mismos*. No lo digo para sugerir que, necesariamente, algo ande "mal" con respecto a nosotros o a nuestra vida. A lo que me refiero es a que nacemos con el deseo innato y el impulso propio del ser humano de estar siempre creciendo y mejorando. Yo creo que ese es un anhelo permanente que yace en todos nosotros. Sin embargo, la mayoría de la gente se levanta día tras día y se encuentra frente a la realidad de que la vida sigue siendo casi igual.

No importa cómo esté tu vida en este momento —ya sea que estés viviendo extraordinarios niveles de éxito y enfrentando los momentos más retadores o que te encuentres en algún punto intermedio—, te garantizo con absoluta certeza que *La mañana milagrosa* te propone el mejor método que conozco. Es el más práctico, el más efectivo y el mejor orientado en los resultados. Te ayudará a mejorar todas las áreas de tu vida y más rápido de lo que te imaginas.

Para los triunfadores y los performers de alto desempeño, *La mañana milagrosa* será ese elemento transformador que les permitirá llegar a ese escurridizo *siguiente nivel* y llevar su éxito personal y profesional mucho más allá de lo que han logrado hasta este momento. Y aunque casi siempre esto significa recibir mayores ingresos, hacer crecer sus empresas e incrementar sus ventas y utilidades, también consiste en descubrir otras maneras de experimentar niveles más altos de plenitud y éxito en aspectos de la vida que quizás ellos estén pasando por alto. Tal vez, se trate de mejorar en áreas como **la salud, la felicidad, las relaciones, las finanzas, la espiritualidad** o en cualquier otro aspecto que ocupe los primeros lugares de sus listas de prioridades.

Para quienes están en medio de la adversidad y enfrentando tiempos de dificultades —ya sean mentales, emocionales, físicas, financieras, relacionales u otras—, *La mañana milagrosa* ha demostrado una y otra vez ser una lectura capaz de equipar a sus lectores de los elementos necesarios para: superar desafíos que parecen insuperables, hacer grandes avances y cambiar sus circunstancias, casi siempre, en tiempo récord.

El hecho es que, ya sea que quieras hacer cambios vitales, o que estés listo para una transformación total que le dará un vuelco total a tu vida —de tal forma que, dentro de poco, tus circunstancias actuales sean solo recuerdos—, has elegido el libro acertado. Estás a punto de comenzar un viaje milagroso usando un sencillo proceso paso a paso que te garantiza transformar cualquier área de tu vida... y todo, antes de las 8:00 a.m.

Lo sé, lo sé —todas estas son grandes promesas—. No obstante, *La mañana milagrosa* ya está generando resultados medibles en cientos de miles de personas alrededor del mundo y es justo lo que necesitabas para ayudarte a llegar a donde en realidad quieres estar. Mi coautor y yo hicimos todo lo posible para que este libro sea una inversión que transforme para siempre y de verdad tanto tu vida como tu tiempo, tus energías y tu atención. Gracias por permitirnos ser parte de ti. Nuestro viaje milagroso está por comenzar.

Con amor y agradecimiento,

Hal

Una nota de Cameron Herold

Mis mañanas milagrosas

"¿Qué mayor riqueza puede haber que la de ser el dueño de tu propia vida y dedicarla a crecer? Todo ser viviente debe crecer. No puede quedarse estático. Debe crecer o morirá".
—Ayn Rand, Atlas Shrugged

Hal y la versión original de *La mañana milagrosa* cambiaron mi vida. El hecho de haber adoptado la rutina mañanera que aprendí con ese libro me llevó a ser un emprendedor más fortalecido, a tal punto, que me siento capacitado para contribuir a que los directores ejecutivos a quienes les sirvo de mentor también adopten rutinas que los lleven tanto a ellos como a sus empresas a niveles que nunca pensaron posibles.

En *Los 7 hábitos de las personas altamente efectivas*, Stephen Covey habla de la necesidad de priorizar las actividades que son importantes, pero no urgentes, por encima de las más urgentes (y menos importantes). Él define las actividades importantes como aquellas que son cruciales para lograr tus metas a largo plazo, pero que no tienen un plazo en sí mismas.

Las estrategias que presentamos a lo largo de este libro, y muchas de las que uso en mis mejores días, son justo eso. Y cuanto más a menudo las implemento, mejor es mi vida.

Mis mañanas milagrosas consisten en una rutina que requiere de toda mi atención e incluye mi diario de agradecimientos, un tiempo de meditación, comenzar mi día con tranquilidad, sin revisar mi correo electrónico y más bien fortalecido mediante una serie de suplementos para la salud que incluyen vitaminas, probióticos, jugo de limón, ajo y té (en lugar de café).

Cómo llegamos hasta aquí

Hal y yo nos conocimos hace un tiempo, por medio de un par de grupos de intelectuales a los que los dos pertenecemos. Yo estaba trabajando concentrado en seguir haciendo crecer mi negocio, pero fue el enfoque de Hal con respecto al crecimiento personal y a esta rutina que él practica en las mañanas lo que captó mi atención.

Hace varios años, cuando mi esposa me habló acerca de *La mañana milagrosa*, pensé: "*¡De ninguna manera! Definitivamente, yo no soy un madrugador*" y seguí con mi consabida rutina de oprimir el botón del despertador después que ha sonado para seguir durmiendo otros cinco minutos más.

Con el tiempo, *La mañana milagrosa* comenzó a volverse viral. Veía gente que conozco hacer sus publicaciones acerca de cómo esta lectura estaba cambiando su vida. Pensé: "*¡Parece que esto de La mañana milagrosa está ganando popularidad... bien por Él!*". Sobra decir que tuve que leerlo y me encantó y lo puse en práctica. Hoy en día, estoy entrenando para mi primera maratón, además de que otra vez tengo el peso que tenía hace 20 años. Cuando Hal me buscó para preguntarme si me interesaría ser su coautor para este libro, me sentí honrado. Y el resultado, desde luego, lo tienes en tus manos. Además de que Hal y yo hicimos equipo para escribir este libro, también entrevisté a otros emprendedores muy productivos y a lo largo de estas páginas incluí sus perfiles.

La mañana milagrosa para emprendedores

Si quieres atraer, crear y mantener extraordinarios niveles de éxito e ingresos, primero, debes entender cómo *convertirte en la persona* capaz de atraer, crear y mantener con facilidad y consistencia los extraordinarios niveles de éxito e ingresos que deseas tener.

Luego, debes saber lo que los mejores emprendedores saben acerca de cómo crear una empresa que brinde la libertad y los ingresos de los que disfrutan solo el 1% de los mejores.

La mañana milagrosa para emprendedores no es como cualquier otro libro sobre emprendimiento. Es el libro de consulta que te muestra cómo tener éxito en *cada* área de tu vida y de manera simultánea: cómo ser un emprendedor de los mejores *y* experimentar una vida llena de salud, equilibrio y plenitud. Desde el mismo comienzo, esta lectura te cuenta lo que hacen los emprendedores exitosos con el fin de ayudarte a ser uno de ellos —a nivel mental, emocional, espiritual, de habilidades *y* de estrategias.

Es tu turno

¿Qué tal sería tu vida si cada mañana te levantaras sin ningún esfuerzo, equipado de extraordinarios niveles de energía y claridad, y con esa concentración que tanto necesitas para cumplir con tus mayores prioridades y así conducirte a ti mismo y a tu empresa hacia el siguiente nivel? ¿Cómo sería si levantarte temprano fuera un hábito del cual disfrutaras? ¿Si sintieras que cada mañana es como una de esas mañanas de Navidad —ya sabes, como esas maravillosas mañanas navideñas de tu niñez? ¡Como cuando te ibas a la cama lleno de tantas expectativas y emoción por lo que habría de suceder al otro día y casi rasgabas tus cobijas a la mañana siguiente para ir corriendo a abrir todos tus regalos! (¿O era solo yo el que hacía eso?) ¿Te interesaría?

Te aseguro que es exactamente así como yo me siento todos los días. Voy a la cama a descansar y con ganas de que amanezca. Me levanto cada mañana a la expectativa de lo que el día me traerá y me siento muy agradecido de que mi vida se haya convertido en una experiencia diaria tan asombrosa.

Lo sé. Quizás estás pensando: "*Ya lo he intentado y he fallado. He tratado de levantarme más temprano. He intentado controlar mi vida y mi crecimiento profesional. He fallado más veces de las que estaría dispuesto a admitir y me pone nervioso intentar algo nuevo. ¿De verdad podría esto ayudarme?*".

¡Sí! ¡Sí! *¡Sí!*

Creo que para ser un emprendedor verdaderamente exitoso, sea cual sea tu medida de éxito, necesitas dominar tu juego tanto a nivel interior como exterior. Todo comienza con la mañana: cuando eres capaz de ejercer control sobre tus mañanas, eres capaz de ejercer control sobre tus días. Y cuando controlas tus días, estás controlando tu viaje de emprendimiento.

Si se lo permites, *La mañana milagrosa para emprendedores* será tu entrenador, tu compañero de rendición de cuentas y tu equipo intelectual, todo al mismo tiempo. Conserva este libro y tu diario juntos y a tu alcance para que puedas leerlos, repasarlos, hacer notas, llevar récord de las diferencias que estás alcanzado y hacerle seguimiento a tu progreso.

Tú tienes el potencial necesario para ser tan exitoso como yo, —o mucho más de lo que yo he sido. Aprende del éxito que yo he alcanzado y multiplícalo a tu favor.

Todo comienza tomando el control de tus mañanas. ¿Estás listo?

Sección I

La mañana milagrosa y los S.A.V.E.R.S. de vida

—1—
Por qué son importantes las mañanas (más de lo que tú crees)

"Al comenzar el día, tu primera rutina es, por excelencia, la más apalancadora, pues tiene el efecto de organizar tu mente y darte el contexto en el que te moverás a lo largo del día".
—Eban Pagan

La manera en que comienzas cada mañana determina tu actitud y te pone en el contexto dentro del cual te moverás durante el día. Si la planeas mediante tu mañana mediante una metodología disciplinada, preparada de manera intencional para incrementar tu crecimiento y con unas metas claras, ten la certeza de que sacarás el máximo provecho del resto de tu día.

¿Te levantas sintiéndote abrumado? Apostaría que así le pasa a la mayoría de los emprendedores. Muchos comienzan su día procrastinando, desconectando la alarma del despertador y enviándole un mensaje a su inconsciente que termina por hacerles creer que ellos no tienen la autodisciplina suficiente para levantarse temprano, ni mucho menos para hacer lo necesario para alcanzar las metas de crecimiento de su empresa.

Pero ¿qué tal si tú pudieras cambiar esa rutina?

¿Qué tal si pudieras comenzar tu día con un momento de paz y quietud? ¿Con un espacio mental despejado en el que pudieras enfocarte en tu tranquilad y concentración, reactivando tu capacidad de control y yendo en pos de actuar con orden y a favor de tu edificación propia? Pero sabes que no puedes —o quizá sí, pero no hoy.

¿Cómo sería si, cuando tu alarma suene en la mañana, fuera ese timbre tu primer regalo del día? Ese es el regalo que te da el tiempo para que te dediques a ser la persona que debes ser con tal de lograr todas tus metas y sueños —tanto para ti como para tu empresa— mientras el resto del mundo todavía duerme.

Aunque la mayoría de los emprendedores se levanta y piensa que necesita concentrarse en *hacer* más para lograr más, tú estás a punto de descubrir que el verdadero secreto se centra en *llegar a ser* más, de tal forma que logres más haciendo *menos*.

Quizás estés pensando: "*Todo esto suena muy bien, Cameron, ¡pe-ro-yo-no-soy-de-los-que-ma-dru-gan!*".

Lo comprendo. ¡De verdad que lo entiendo! No estás diciendo nada que yo no me haya dicho a mí mismo antes, miles de veces. Y créeme, muchas veces intenté tomar el control de mis mañanas, pero fallé. Pero eso fue antes de descubrir *La mañana milagrosa*.

Así que, acompáñame un minuto más. Aparte de querer tener la mejor y más grande empresa posible, apuesto que también te gustaría dejar de luchar y de preocuparte porque tu mes dura más que tu dinero; sé que te encantaría dejar de fracasar al querer alcanzar tus metas y liberar todas esas intensas y no tan buenas emociones que experimentas frente a esos desafíos que afrontas. ¿Verdad? Todo esto se interpone en tu camino a ser un emprendedor efectivo porque afecta tu autoestima y te impide sentirte bien contigo mismo y con tu vida, imposibilitándote así para tomar las acciones efectivas que te lleven a alcanzar tus sueños.

¿Te suena familiar?

Entonces, entiende lo siguiente: *las mañanas son clave para lograr todo eso.*

Más importante que la *hora* en la que comienzas tu día, es la *mentalidad* con la que lo abordas.

Quizá, tu sueño sea lograr un ingreso importante a través de tu empresa y poder darte el gran lujo de inspeccionar cómo es el interior de tu reloj despertador mediante un bate de béisbol, saboreando así el gusto de comenzar tu día a la hora y durante el tiempo que *tú* quieras.

Créeme, lo entiendo y, a menudo, decido comenzar mi día a la hora que me despierte. Sin embargo, incluso cuando lo hago, lo primero que hago es realizar mi rutina de la mañana, pues sé que me pone en el estado de ánimo adecuado para sacarle el máximo provecho posible al resto de mi tiempo.

Además, es posible que estés leyendo este libro a medida que atraviesas tus primeras etapas de emprendimiento, lo cual significa que es bastante probable que estés trabajando para hacer crecer tu empresa desde antes que el sol sale y hasta mucho después de que se oculta. Si ese es tu caso, entonces aprender a implementar tu rutina de la mañana es crucial para cumplir con tu objetivo de sacarle provecho a tu vida de emprendedor y alcanzar el éxito que visualizas a futuro. Así que te tengo buenas noticias: vale la pena que te esfuerces por implementar la rutina que te propone *La mañana milagrosa*. Verás que lograrlo es mucho más divertido y gratificante de lo que esperas.

Pero antes de entrar de lleno en el tema sobre *cómo* controlar tus mañanas, déjame explicarte el *por qué* es importante hacerlo. Créeme, cuando conozcas la verdadera importancia de las mañanas, nunca más desearás volver a desperdiciar ninguna.

Por qué las mañanas son tan importantes

Cuanto más explores sobre el poder de levantarte temprano y de las rutinas que sigues al levantarte, más evidente será la prueba de que los pájaros madrugadores obtienen *mucho más* que los gusanos. Las siguientes son algunas de las ventajas clave que estás a punto de experimentar por ti mismo.

Serás más proactivo y productivo

Christoph Randler es profesor de Biología en University of Education, en Heidelberg, Alemania. En la edición de *Harvard Business Review*, en julio de 2010, Randler reportó que las "personas cuyo desempeño es mayor durante la mañana están mejor posicionadas para tener éxito profesional, porque son más proactivas que aquellas cuya productividad es mayor durante la tarde". Según Robin Sharma, autor *bestseller* de *The New York Times* y emprendedor reconocido a nivel mundial: "Si estudiaras a unas cuantas de las personas más productivas del mundo, descubrirías que todas tienen un factor en común: se levantan temprano".

Preverás los problemas y estarás listo para enfrentarlos tan pronto se te presenten

Además, Randler sostuvo que los madrugadores tienen las mejores cartas a su favor: "Están mejor capacitados para prever y minimizar los problemas, son proactivos, tienen más éxito profesional y, fuera de eso, disfrutan de ingresos más altos". También afirmó que ellos enfrentan las adversidades con mayor agilidad y facilidad, cualidades que los hacen más exitosos en los negocios.

Planearás como un profesional

Los madrugadores tienen tiempo para prever, organizar y planear su día. Por su parte, los dormilones, en lugar de ser proactivos, son reactivos y dejan muchas cosas al azar. ¿No te sientes más estresado cuando sigues durmiendo aun después de que te sonó la alarma y ves que terminaste levantándote otra vez tarde? Levantarte con el sol (o antes) hace que inicies tu día con fuerza. Mientras todos los demás están corriendo por todas partes tratando (y fallando) de ejercer control sobre sus días, tú estás calmado, relajado y tranquilo.

Tendrás más energía

Un nuevo componente de tu rutina de las mañanas será el ejercicio —los emprendedores ocupados suelen descuidarlo—. Sin embargo, en tan solo unos minutos, el ejercicio genera el ánimo positivo necesario para enfrentar el día. Un mayor flujo de sangre en el cerebro te ayuda a pensar con mayor claridad y a concentrarte en lo importante. El oxígeno fresco permea todas las células de tu cuerpo y aumenta tu energía diaria. Es por eso que los emprendedores de alto rendimiento que se ejercitan demuestran tener mejor estado de ánimo, mejor estado físico, mejor calidad de sueño y son más productivos. Así que es apenas obvio que todas estas características te lleven a producir aumentos significativos en tus resultados. Obtendrás más clientes, encontrarás mejores empleados ¡y desarrollarás una empresa más próspera!

Ganarás las ventajas de la actitud de un madrugador

Hace poco, los investigadores en la Universidad de Barcelona compararon a un grupo de madrugadores con un grupo de noctámbulos. Entre las diferencias, encontraron que los madrugadores tienden a ser más persistentes y más resistentes a la fatiga, la frustración y las dificultades. Esto se traduce en niveles más bajos de ansiedad y depresión, en menos probabilidad de abuso de sustancias y en mayor satisfacción con la vida. ¡Eso suena muy bien!

La evidencia es clara y los expertos han manifestado: *"En las mañanas yace el secreto que conlleva hacia un futuro de emprendimiento extraordinario y exitoso"*.

¿En las mañanas? ¿Es en serio?

Debo admitirlo: es todo un proceso pasar de "no soy madrugador" a "de verdad, quiero llegar a serlo" a "me levanto temprano cada mañana y ¡es maravilloso!". Pero, después de un poco de ensayo y error, descubrirás cómo ser más astuto para adelantártele a tu dormilón interior y derrotarlo hasta crear el hábito de ser madrugador. Bueno, en teoría, eso suena muy bien, pero es probable que estés meneando la cabeza y diciéndote a ti mismo: *"No hay manera de lograrlo. Ya estoy atiborrando en tan solo 24 horas lo que me toma hacer en 27". ¿Cómo podré levantarme una hora más temprano de la que ya me estoy levantando?"*. Yo te pregunto: ¿cómo no hacerlo?

Lo que es crucial entender es que la rutina que *La mañana milagrosa* te propone no consiste en que trates de negarte otra hora de sueño y tengas un día más largo y más difícil. Ni siquiera es cuestión de que te despiertes más temprano, sino de que despiertes *mejor*.

Miles de personas a lo largo y ancho del planeta ya están poniendo en práctica su propia rutina milagrosa de las mañanas y muchas eran noctámbulas. Sin embargo, hoy, están haciendo que les funcione esta nueva forma de iniciar cada día. De hecho, están *prosperando*. Y no es solo porque le añadieron una hora a sus actividades diarias, sino porque *esa* hora que añadieron les da los resultados *adecuados*. Haz tú lo mismo.

¿Sigues escéptico? Entonces, permíteme decirte esto: *la parte más difícil de levantarte una hora más temprano son los primeros cinco minutos* —ese momento crucial en que, estando bien arropado en tu cama, tomas la decisión de iniciar tu día en ese mismo instante o apagar el despertador y esperar que vuelva a sonar para poder seguir durmiendo otros cinco minutos *solo una vez más*—. Esa es la hora de la verdad y la decisión que tomes, justo ahí, impactará o no tu día, tu éxito y tu vida.

Y es por eso que los primeros cinco minutos son el punto de partida de *La mañana milagrosa para emprendedores* ¡Es hora de vencer cada mañana! Cuando vences sobre tus mañanas, ganas el día.

En los siguientes dos capítulos, haré que veas que el hecho de despertarte temprano es más fácil y emocionante de lo que te habías imaginado hasta ahora (incluso si *nunca* te has considerado un madrugador); luego, te mostraré cómo maximizar esos minutos de la mañana mediante los *S.A.V.E.R.S.* (que en español significa salvadores) de vida para emprendedores —las seis mejores y más productivas prácticas de desarrollo personal.

Los capítulos 4, 5 y 6 te mostrarán cómo incrementar las habilidades de crecimiento propias del emprendedor y cómo acelerar tu crecimiento personal y profesional; comprenderás más claramente por qué necesitas diseñar tu vida de manera estratégica, generar cantidades inagotables de energía y optimizar tu habilidad para mantenerte concentrado en tus metas y en las actividades que mejores resultados te reportan.

Por último, los capítulos 7, 8 y 9 te describen los principios de crecimiento del emprendedor que necesitas dominar para llegar a ser un emprendedor exitoso, hacer crecer tu empresa y aumentar tus ingresos tan rápido como te sea posible. Incluso, encontrarás un último capítulo adicional de Hal y mío ¡que considero que, de verdad, te va a encantar!

Tenemos mucho tema por cubrir, así que comencemos ya mismo.

Perfil de emprendedor

Joe Polish

Joe Polish es el fundador de Genius Network y Piranha Marketing Inc.

Sus mayores logros en los negocios son:

- Joe administra Genius Network, la red de más alto nivel en el mundo de los emprendedores de éxito. Allí, más de 240 emprendedores invierten $25.000 dólares al año.
- Millones de personas han descargado sus audios en ILoveMarketing.com y 10XTalk.com.
- Ha recaudado más de $43 millones de dólares para la obra social de Richard Branson, Virgin Unite.
- Lanzó la idea de JoeVolunteer.com, que es como un servicio de Uber para voluntarios y está transformando la manera en que las personas colaboran y esparcen bondad alrededor del mundo.
- Fue cofundador de www.ArtistsForAddicts.com para ayudar a cambiar la forma en que el mundo ve y trata a las personas con adicciones.

Cada mañana, su rutina consiste en:

- Joe se levanta entre las 6:00 a.m. y las 7:00 a.m.
- Durante los primeros 30 minutos, se toma un batido y un vaso grande de agua.

- Luego, hace meditación.
- Para ejercitarse, Joe levanta pesas o practica yoga.
- Después, se conecta con su equipo, incluyendo a su magnífica asistente, Eunice.
- Hace su lista de las tres metas que quiere lograr durante el día.
- Como él mismo se identifica como un adicto al trabajo, recuperarse hace parte esencial de su rutina. Esto incluye hacer una llamada telefónica, conversar, escribir, leer o escuchar algo positivo.

— 2 —
Solo se necesitan cinco minutos para convertirse en un madrugador

"Si lo piensas bien, no tiene sentido apagar el despertador para dormir otros cinco minutos cada mañana. Es como decir: 'Odio levantarme temprano, así que lo apagaré una y otra y otra vez más'".
—Demetri Martin, comediante

Tú sí puedes aprender a disfrutar del hábito de levantarte temprano —así nunca hayas sido un madrugador—. Sé que quizá no lo creas. Ahora mismo, debes estar pensando: "Eso tal vez sea cierto para los madrugadores, pero créeme, lo he intentado y, sencillamente, yo no soy madrugador".

Sin embargo, es cierto. Lo sé porque he estado ahí. Yo era de los que, con los ojos medio cerrados, desactivaba el despertador para dormir otros cinco minutos. Era un "adicto a desactivarlo" como dice Hal. Le tenía miedo a las mañanas. Odiaba levantarme.

Y ahora, me encanta.

¿Cómo lo logré? Cuando la gente me pregunta cómo me convertí en un madrugador, y de paso transformé mi vida, yo respondo que lo hice en cinco sencillos pasos, uno a la vez. Sé que te parecerá imposible, pero te lo dice un "exadicto a desactivar el despertador": tú también puedes hacerlo. Hazlo tal como yo lo hice.

Ese es el mensaje primordial con respecto a levantarse temprano —que sí es posible cambiar—. Las personas madrugadoras no nacen, se hacen, se forman a sí mismas. Conviértete en un madrugador implementando unos sencillos pasos que no requieren la fuerza de voluntad de un maratonista olímpico. Te aseguro que —cuando el hecho de levantarte temprano sea no solo algo que tú haces, sino una parte de *quien eres*— las mañanas te encantarán, pero de verdad, verdad. Levantarte será para ti lo mismo que es para mí. No es que no se requiera esfuerzo, pero, poco después de salir de la cama, me siento energizado sabiendo lo que me espera.

¿Todavía no estás convencido? Haz a un lado tu incredulidad (solo por un rato) y permíteme presentarte el proceso de cinco pasos que cambió mi vida. Cinco claves contra la pereza de las mañanas que hicieron que levantarme, incluso temprano, fuera más fácil que antes. Sin esta estrategia, te aseguro que yo todavía seguiría durmiendo (o desactivando la alarma del despertador) o pereceando todos los días. Y peor aún, seguiría apegado a la limitante creencia de que no era un madrugador.

Y me habría perdido de todo un mundo de oportunidades.

El desafío de levantarse

Por lo general, cuando piensas en levantarte más temprano te ocurre algo parecido a cuando piensas en comenzar a salir a trotar: que sientes que no eres atleta —e incluso *odias* trotar— hasta que te amarras un buen par de zapatos de atletismo y te diriges con cierta renuencia a la puerta de tu casa, a un paso que apenas sí sugiere que estás a punto de salir a hacer deporte. Y con el compromiso de superar tu aparente e insuperable desdén por hacer ejercicio, vas dando un paso después del otro. Y a pesar de tu disgusto, lo haces por unas semanas y el día menos pensado caes en cuenta de una realidad de la que, el primer sorprendido, eres tú mismo: *"¡Me convertí en un deportista madrugador!"*.

Así mismo, si has estado resistiéndote a levantarte temprano y eliges presionar el botón de la *procrastinación* —es decir, el botón de *dormir más*—, entonces, desde luego que, *todavía*, no eres una persona madrugadora. Pero sigue paso a paso este sencillo proceso que estás por descubrir y, dentro de pocas semanas, quizá días, te levantarás y dirás: *"¡Vaya! no puedo creerlo... ¡me convertí en un madrugador!"*.

Ahora mismo, esas posibilidades parecen bastante buenas y tal vez te sientas motivado, emocionado, optimista. Pero ¿qué sucederá mañana cuando suene tu despertador? ¿Qué tan motivado estarás cuando esa ruidosa alarma interrumpa tu profundo sueño?

En ese momento, todos sabremos dónde está la motivación. Se irá por el retrete y será remplazada por el raciocinio. Y el raciocinio es un sagaz maestro —en segundos, nos convencemos a nosotros mismos de que lo que necesitamos es tan solo unos pocos minutos más de sueño— y lo siguiente que sabemos es que estamos corriendo por toda la casa porque ya vamos tarde para el trabajo... tarde para la vida. De nuevo.

Ese es un problema espinoso. Justo cuando más necesitamos nuestra motivación —en esos primeros momentos del día— es cuando estamos menos motivados que nunca.

La solución es activar esa motivación matutina y organizar un ataque sorpresa en contra del raciocinio. Eso es lo que los siguientes cinco pasos te ayudarán a lograr. Todos y cada uno están diseñados para mejorar lo que Hal llama tu nivel de motivación para levantarte (NDMPL).

Al comenzar cada mañana, lo más probable es que tengas un bajo NDMPL, lo cual significa que lo que más deseas hacer cuando tu alarma suena es volver a dormirte. Eso es normal. pero siguiendo estos cinco pasos (los cuales toman unos cinco minutos), generarás un más alto NDMPL que te hará sentirte preparado para saltar de tu cama a enfrentar el día.

Estrategia de cinco pasos para levantarte
—a prueba de pereza—

Minuto uno: establece expectativas positivas antes de acostarte

La primera clave para que logres levantarte temprano es que entiendas esto: *tu primer pensamiento en la mañana suele ser el mismo que tuviste antes de irte a dormir.* Por ejemplo, te apuesto que has tenido noches en las que te ha costado trabajo dormirte porque estás muy emocionado por levantarte a la mañana siguiente. Pudo haber sido en Navidad, cuando eras niño; quizá, fue la noche antes de iniciar unas largas vacaciones y, tan pronto como sonó la alarma, abriste los ojos y ya estabas listo para saltar de la cama. ¿Por qué? Porque lo último que pensaste respecto a la mañana siguiente —antes de dormirte— fue positivo.

Por otra parte, si tu último pensamiento antes de dormir es: "¡No puedo creer que en seis horas ya tenga que levantarme! ¡Estaré agotado en la mañana!", entonces, es muy probable que, cuando suene la alarma, tu primer pensamiento sea algo como: "¡Imposible! ¿Ya pasaron seis horas? ¡Nooo... si yo lo que quiero es seguir durmiendo!". Bueno, pues considera ese último pensamiento de la noche anterior como una profecía cumplida, ya que eres tú mismo quien creas tu propia realidad.

Así que, el primer paso es decidir de manera consciente —cada noche, antes de dormir— que, de manera activa e intencional, establecerás una expectativa positiva sobre la cual te enfocarás la mañana siguiente. Visualízala y afírmala.

Minuto dos: pasa tu reloj despertador al otro extremo de tu habitación

Si no lo has hecho ya, asegúrate de mover tu reloj despertador lo más lejos posible de tu cama y así tendrás que levantarte y hacer mover tu cuerpo para iniciar cada día. El movimiento genera energía y salir de tu cama y caminar al otro lado de la habitación te ayudará a despertarte.

La mayoría de las personas mantiene su reloj despertador al lado de su cama. Piénsalo: si lo mantienes a tu alcance, entonces, sigues medio dormido después que la alarma suena y tu nivel de motivación para levantarte (también conocido como tu NDMPL) está en su punto más bajo, lo cual te dificulta mucho más reunir las fuerzas y la disciplina que necesitas para salir de la cama. De hecho, ¡quizás apagues la alarma sin ni siquiera darte cuenta! En más de una ocasión, todos nos hemos convencido de que la alarma del reloj era solo parte del sueño que estábamos teniendo. (No estás solo en esto, créeme).

El hecho es que, al obligarte a salir de la cama para ir a apagar la alarma, estás disponiéndote para tener éxito en madrugar, al aumentar de inmediato tu NDMPL.

Sin embargo, en una escala de 1 a 10, tu NDMPL puede seguir estando alrededor de un 5 y es probable que te sientas más somnoliento que despierto, así que la tentación de dar la vuelta y volver a la cama seguirá presente. Para aumentar un poco más ese NDMPL, prosigue...

Minuto tres: cepíllate los dientes

Tan pronto como salgas de la cama y apagues tu alarma, ve directo al baño a lavarte los dientes. Sé que quizás estás pensando: "*¿Es en serio? ¿Me estás diciendo que debo cepillarme los dientes?*". Sí. El punto es hacer actividades que no requieran mucho pensamiento durante los primeros cinco minutos y darle a tu cuerpo tiempo para despertar.

Después de apagar tu alarma, ve directo al baño a lavar tus dientes y lánzate un poco de agua tibia (o fría) en la cara. Esta sencilla actividad permitirá que siga corriendo el tiempo necesario para aumentar mucho más tu NDMPL.

Ahora que tu boca está fresca, es hora del...

Minuto cuatro: bebe un vaso de agua

Es crucial que lo primero que hagas en la mañana sea hidratarte. Después de seis a ocho horas sin agua, estarás un poco deshidratado, lo cual genera fatiga. Las personas suelen sentirse cansadas a cualquier hora del día —en realidad, lo que necesitan es más agua, no más sueño.

Comienza tomando un vaso o una botella de agua (o haz lo que yo hago, sírvelo desde la noche anterior para que esté listo para ti la mañana siguiente) y tómalos tan rápido como te sientas a gusto. El objetivo es consumir el agua que no recibiste durante tus horas de sueño. (Y mira, los beneficios secundarios de la hidratación en la mañana incluyen una mejor piel y de mejor aspecto, así como un peso saludable. ¡Nada mal para unas pocas onzas de agua!).

Ese vaso de agua debería incrementar otro poco tu NDMPL, lo cual te llevará al...

Minuto cinco: ponte tu ropa de hacer ejercicio (o métete a la ducha)

El quinto paso tiene dos opciones. *Una* es ponerte tu ropa de hacer ejercicio para estar listo para salir de la habitación e iniciar de inmediato tu rutina de *La mañana milagrosa*. Deja lista la ropa antes de irte a la cama o duérmete con ella puesta. (Sí, es en serio). Ese podría ser parte de tu ritual para irte a la cama.

La otra opción es meterte a la ducha, que es una manera excelente de llevar tu NDMPL al punto donde es mucho más fácil permanecer despierto. Sin embargo, por lo general, yo elijo ponerme mi ropa de hacer ejercicio porque de todas maneras voy a necesitar bañarme después del ejercicio ¡y creo que hay algo muy reconfortante que decir con respecto al placer de *ganarte* tu ducha matutina! Sin embargo, muchas personas prefieren la ducha primero porque les ayuda a despertar y además le da un inicio refrescante al día. La elección es del todo tuya.

No importa la opción que elijas, para cuando hayas realizado estos cinco pasos que son tan sencillos, tu NDMPL debería estar a tal punto que se necesite muy poca disciplina para permanecer despierto para iniciar tu mañana milagrosa.

Si intentas hacer el compromiso de levantarte temprano justo en el momento en que suena tu alarma, mientras tu NDMPL es casi cero, será mucho más difícil que te levantes. En cambio, los cinco pasos te permiten generar el impulso necesario para que, en tan solo unos minutos, estés listo para seguir adelante, en lugar de sentirte mareado y soñoliento.

Nunca he realizado las actividades de esos cinco minutos y he vuelto a la cama. Tan pronto me levanto y me muevo con toda intención, me es más fácil seguir siendo intencional durante el resto del día.

Consejos adicionales de *La mañana milagrosa* para levantarte

Aunque esta estrategia les ha funcionado a miles de lectores, estos cinco pasos no son la única manera de facilitar tu proceso de levantarte en la mañana. Las siguientes son otras tácticas que he escuchado de compañeros y amigos que practican la rutina de *La mañana milagrosa*:

- Poner en práctica el consejo de *La mañana milagrosa* para la hora de dormir: nada es más efectivo para asegurarte de que te levantarás antes de que suene tu alarma, que programar tu mente con ideas positivas relacionadas con tu deseo de lograr justo lo que planeas.

- Programar un temporizador para las luces de tu dormitorio: uno de los lectores y practicantes de *La mañana milagrosa* manifestó que él controla las luces de su dormitorio con un temporizador (encontrarás uno adecuado para el tuyo en la sección de electrodomésticos de tu ferretería más cercana). Cuando su alarma suena, las luces de su habitación se encienden. ¡Qué idea tan buena! Es mucho más fácil volver a dormirte cuando estás a oscuras, pero si las luces se encienden, le estás diciendo a tu mente y a tu cuerpo que ya es hora de levantarse. Sin embargo, no importa si usas un temporizador o no, asegúrate de encender las luces tan pronto tu alarma suene.

- Programar un temporizador para la calefacción de tu dormitorio: Una lectora de *La mañana milagrosa* cuenta que, en el invierno, ella mantiene un calefactor conectado a un temporizador de electrodomésticos que ella programa para que se encienda 15 minutos antes de levantarse. Lo mantiene apagado durante la noche, pero al levantarse, ya su cuarto se ha calentado y así no se siente tentada a volver al calor de sus cobijas.

Siéntete en total libertad de añadirle pasos o rutinas y personaliza tu estrategia en contra de los "cinco minutos más de sueño". Después de todo, para levantarte de manera consistente y fácil necesitas tener una estrategia predeterminada, paso a paso, que sea efectiva para aumentar tu NDMPL en la mañana. ¡No esperes más! Comienza esta misma noche leyendo una porción de *La mañana milagrosa* que te motive a pensar en una poderosa intención para levantarte temprano mañana, mueve tu reloj despertador al otro extremo de tu habitación, sirve un vaso de agua y déjalo listo en tu mesa de noche y comprométete con los otros dos pasos mañana tras mañana.

Actúa de inmediato

No hay por qué esperar para comenzar a implementar el poder de levantarte temprano. Como lo ha dicho Tony Robbins: "¿Cuándo es AHORA un buen momento para que hagas eso que tienes que hacer?". Ahora, sin duda, ¡sería perfecto! De hecho, cuanto más pronto comiences, más pronto empezarás a ver los resultados, incluyendo un incremento de energía, una mejor actitud, y, desde luego, una vida de hogar más feliz.

Paso uno: programa tu alarma para que suene de 30 a 60 minutos más temprano durante los próximos 30 días. Así es, solo 30 a 60 minutos durante los próximos 30 días, comenzando desde hoy. Además, asegúrate de escribir en tu horario que harás tu primera rutina de *La mañana milagrosa ... mañana por la mañana*. Es correcto,

¡no uses la excusa de *esperar hasta terminar el libro* como un pretexto para procrastinar el comienzo de tu rutina de éxito!

Si te resistes por completo a iniciarla, porque quizá ya has intentado hacer cambios en el pasado, pero no continuaste hasta lograrlos, te haré una sugerencia: ve ahora mismo al Capítulo 10, "Desafío 30 días con *La mañana milagrosa*" y léelo desde ya. Te aseguro que te dará la mentalidad y la estrategia no solo para superar cualquier resistencia que tengas frente a la posibilidad de comenzar esta nueva rutina, sino que te dará el proceso más efectivo para implementar un nuevo hábito y no dejarlo. Considéralo como comenzar con el final en mente.

De hoy en adelante, durante los próximos 30 días, programa tu despertador para que suene 30 a 60 minutos más temprano de lo que sueles levantarte, de tal forma que te levantes cuando tú *quieres* y no cuando *tienes* que hacerlo. Es hora de comenzar cada día con una mañana milagrosa que te motive a convertirte en la persona que debes ser para llevar tanto a tu empresa como ti mismo a niveles extraordinarios.

¿Qué harás con esa hora? Lo sabrás en el próximo capítulo, pero, por ahora, solo sigue leyendo el libro durante tu mañana milagrosa hasta que aprendas toda la rutina.

Paso dos: únete a más personas que quieran poner en práctica la rutina de *La mañana milagrosa*. Conéctate con gente madrugadora que piense como tú. Muchos a tu alrededor han estado madrugando a hacer deporte, generando resultados extraordinarios en su vida. Otros, tal vez quieran comenzar a hacerlo. Motívalos y comparte con ellos las maravillas de esta rutina.

Paso tres: encuentra un compañero a quien puedas rendirle cuentas sobre los resultados de tu rutina. Recluta a alguien —tu cónyuge, un amigo, un familiar, un compañero de trabajo— para que se una a ti en esta aventura, de tal forma que puedan animarse, apoyarse y rendirse cuentas mutuamente hasta que la rutina de *La mañana milagrosa* llegue a ser parte de su vida diaria y de su forma de ser y vivir.

Bien, ahora pasemos a conocer e implementar las seis prácticas cuya eficacia ha sido más que comprobada a lo largo de la humanidad en el campo del desarrollo personal... los *S.A.V.E.R.S.* (salvadores, en español) de vida.

Perfil de emprendedora

JJ Virgin

Las compañías de JJ Virgin son JJ Virgin & Associates y Mindshare Collaborative.

Sus mayores logros en los negocios son:

- JJ lanzó su primer *bestseller* de *The New York Times* desde la UCI donde su hijo yacía en coma después de haber sido atropellado por un conductor que huyó de la escena del accidente.
- Ha sido invitada a Dr. Phil, Dr. Oz, The Doctors, The Today Show, TLC, Food Network, Access Hollywood y Rachel Ray. Además, tiene dos exitosos programas en la televisión pública.
- Fundó y es anfitriona del más grande evento para los emprendedores de la salud en todo el mundo.
- JJ Virgin & Associates ha sido incluida tres veces en el listado *Inc. 500* y en cuatro ocasiones JJ ha estado en el listado de los *bestsellers* de *The New York Times*.
- JJ es oradora y presentadora de infomerciales de NutriBullet Lean, Emergen-C, So Delicious Dairy Free y Subway.

Cada mañana, su rutina consiste en:

- JJ comienza su mañana milagrosa desde la noche anterior. Lo hace revisando su agenda del día siguiente y planeando lo que va a hacer desde antes de irse a dormir.

- Necesita de ocho a nueve horas de sueño de calidad, así que se acuesta a las 10:00 p.m.

- Se levanta alrededor de las 6:30 a.m. (sin necesidad de despertador). Luego, se cepilla los dientes, se toma una taza de café (granos de café blindado —negro) y un vaso de agua con sus suplementos de la mañana.

- Escribe sus metas en su "diario de intenciones" (ya sean a largo o corto plazo) con la mayor claridad posible: cómo quiere que sea su día y su semana, con quién o por qué está agradecida, pensamientos positivos para ella y sus hijos. JJ afirma que esta rutina le ayudó a enfrentar el accidente y la hospitalización de su hijo.

- Como sabe que se siente más creativa durante las horas de la mañana, aprovecha para plasmar sus ideas, diseñar planes de mercadeo, hacer bosquejos de libros y programas o buscar estrategias para enfrentar sus retos. JJ afirma que eso es lo más valioso que hace por su empresa.

- Luego, hace su batido de la mañana. Ha estado tomando malteadas de proteína para el desayuno desde hace 20 años. Sus ingredientes favoritos incluyen polvo de proteína, miel de nueces, aguacate, espinaca y fibra. Por último, toma un baño, se viste y ¡prosigue con el resto de su día!

— 3 —
Los *S.A.V.E.R.S.* de vida para emprendedores

Seis prácticas garantizadas para salvarte de una vida llena de un potencial desperdiciado

"Lo que Hal ha hecho con su acrónimo de S.A.V.E.R.S. es tomar las mejores prácticas —desarrolladas durante siglos de perfeccionamiento de la consciencia humana— y seleccionar lo 'mejor de las mejores' hasta condensarlas y convertirlas en una rutina diaria con la cual comenzar desde temprano en las mañanas —rutina que ahora hace parte de mi vida diaria".

*"Mañana tras mañana, mucha gente practica cada uno de los S.A.V.E.R.S. Por ejemplo, muchos practican la **E** de ejercicio diario. Otros practican la **S** tomándose tiempo para hacer silencio o meditación, o la otra **S** para escribir (scribing, escribir en inglés) o hacer anotaciones en su diario. Pero hasta que Hal unió los S.A.V.E.R.S., nadie estaba realizando todas estas legendarias y "mejores prácticas" juntas al comenzar el día. La mañana milagrosa es perfecta para gente muy ocupada y exitosa. Practicar los S.A.V.E.R.S. cada mañana es como bombearles combustible de cohetes a mi cuerpo, a mi mente y a mi espíritu... antes de comenzar mi jornada diaria".*

—Robert Kiyosaki, autor del bestseller *Rich Dad, Poor Dad*

Optimista. Entusiasmado. Exitoso. Abrumado. Insatisfecho. Deprimido. Estos son tan solo algunos de la serie de adjetivos contradictorios que le dan forma a una descripción muy acertada de lo que se siente ser un emprendedor que depende del día a día.

A diario, tú y yo nos levantamos para enfrentar el mismo desafío universal: superar nuestras limitaciones autoimpuestas y vivir la vida a nuestro máximo potencial. Por desgracia, la mayoría de los emprendedores ni siquiera logra acercarse a ese punto. Muchos se conforman con mucho menos de lo que quieren aunque siempre están deseando ascender al siguiente nivel, viviendo con sentimiento de culpa y sin terminar de entender qué es lo que necesitan hacer para lograr todo lo que desean.

¿Alguna vez te has sentido así? ¿Como si la vida y la empresa que deseas, y la persona que sabes que debes ser para lograr ambas metas estuvieran, sencillamente, fuera de tu alcance? Cuando ves a otros emprendedores sobresaliendo en un área o desempeñándose a un nivel en el que tú no estás ¿no sientes que es como si ellos lo hubieran descifrado todo? ¿Como si supieran algo que tú no sabes, porque si lo supieras, entonces también estarías sobresaliendo?

Muchos emprendedores viven su vida del lado equivocado, en medio de una gran brecha que mina su potencial y que separa lo que ellos son de lo que pueden llegar a ser. A menudo, frustrados consigo mismos y con su carencia constante de motivación, esfuerzo y resultados en una o más áreas de su vida, pasan demasiado tiempo *pensando* en las acciones que deberían estar *realizando* para crear los resultados que quieren, pero no son consecuentes con ellas ni *actúan en consecuencia*. En otras palabras, con mucha frecuencia, saben qué es lo que deben hacer... pero no hacen —y si lo hacen, no son consistentes.

Cuando Hal tocó fondo por segunda vez debido al fracaso de sus empresas ante el colapso financiero del año 2008 (el primero fue cuando estuvo muerto por seis minutos en un accidente automovilístico), se sintió perdido y deprimido. Intentó poner en práctica lo que ya sabía que no funcionaba y, por supuesto, nada de lo que intentaba estaba mejorando su situación, así que comenzó su propia búsqueda por encontrar la estrategia más rápida y efectiva para llevar su éxito al siguiente nivel y se dedicó a investigar cuáles eran las mejores prácticas de desarrollo personal que hacían parte de la vida de las personas más exitosas del mundo.

Tras descubrir y organizar una lista de seis de las prácticas de desarrollo personal más efectivas y comprobadas a lo largo del tiempo, en un principio, procuró determinar si una o dos de ellas acelerarían su éxito a la máxima velocidad. Sin embargo, su mayor avance sucedió cuando se preguntó: "*¿Qué sucedería si las practico TODAS?*".

Y así hizo. Tras solo dos meses implementando las seis prácticas, casi todos los días, Hal experimentó lo que se podría denominar resultados milagrosos. Logró más que duplicar sus ingresos y pasó de ser alguien que nunca antes había corrido más de una milla a entrenarse para una ultramaratón de 52 millas —él *no era* atleta y, de hecho, odiaba correr—. Sin embargo, pensó: "*¡Qué mejor manera de llevar mis capacidades físicas, mentales, emocionales y espirituales al siguiente nivel!*". Conociendo a Hal tan bien como lo conozco, y pasando tiempo con él en varios eventos de emprendimiento, he visto de primera mano el poder que tiene en su vida el haber implementado y dominado de manera consistente las prácticas que muy acertadamente llamó los *S.A.V.E.R.S.* (salvadores) de vida. Aparte de Hal, he visto cómo cientos de personas más han adoptado estos *S.A.V.E.R.S.* y también han logrado transformarse a sí mismas. ¡Yo tenía que seguirlas!

De modo que, si eres alguien muy exitoso, como el emprendedor multimillonario Robert Kiyosaki (quien practica la rutina propuesta por *La mañana milagrosa* y los *S.A.V.E.R.S.* de vida casi todos los días) o si alguna vez has sentido como si la vida que deseas llevar y la persona que sabes que puedes llegar a ser estuvieran más allá de tu alcance, los *S.A.V.E.R.S.* de vida, prácticamente, te garantizan un estilo de vida extraordinario.

Por qué funcionan los *S.A.V.E.R.S.* de vida

Los *S.A.V.E.R.S.* de vida son prácticas matutinas diarias, muy sencillas, pero con una efectividad que, virtualmente, te garantiza la habilidad de llegar a transformarte en alguien más capaz y apto para desarrollar tu máximo potencial. Estas prácticas te dan la posibilidad de alcanzar mayores niveles de claridad para que puedas planear tu vida y vivirla según tus términos. Están diseñadas para que inicies tu día poniéndote en un estado físico, mental, emocional y espiritual óptimo que te permita mejorar más y más, de tal modo que te sientas muy bien y *siempre* tengas un nivel de desempeño altamente productivo.

Lo sé, lo sé. No tienes tiempo. Antes de comenzar la rutina de *La mañana milagrosa*, yo me levantaba en medio del caos, con el tiempo justo para vestirme y salir a trabajar. Quizá, creas que es muy difícil hacer rendir tu tiempo de tal manera que te alcance para lograr todo a lo que ya estás comprometido —al punto en que ya no importe qué tanto anheles hacer lo que en realidad quisieras—. Antes de leer *La mañana milagrosa*, yo tampoco "tenía tiempo". Sin embargo, aquí estoy, disfrutando de más tiempo disponible, de más prosperidad y de un estilo de vida más tranquilo que nunca antes.

Lo que necesitas entender ahora mismo es que tus mañanas milagrosas te enseñarán a sacar tiempo para ti. Los *S.A.V.E.R.S.* son el medio que te servirá para reconectarte con tu verdadera esencia y levantarte cada mañana con propósitos y no solo por obligación. Son generadores de energía que te ayudan a ver tus prioridades con mayor claridad y a encontrarle un fluir más productivo a tu vida.

En otras palabras, los *S.A.V.E.R.S.* no le quitan tiempo a tu día, sino que, en el mejor de los casos, te muestran cómo hacer para que tengas más tiempo aprovechable.

En inglés, cada letra de los *S.A.V.E.R.S.* representa una de las seis mejores prácticas de las personas más exitosas del planeta. Desde estrellas de cine de primera línea hasta atletas profesionales y directores ejecutivos de clase mundial, te sería muy difícil encontrar alguno de ellos que no practique, por lo menos, uno de estos *S.A.V.E.R.S.*

Te sorprenderá comprobar que casi *todos* practican no solamente uno o la mitad, sino todos los *S.A.V.E.R.S.* de vida. (Bueno, supongo que todo eso está cambiando gracias a que Hal le ha presentado al mundo *La mañana milagrosa*). Eso es lo que hace que las mañanas milagrosas sean tan efectivas, pues estás aprovechando los beneficios transformadores de las seis *mejores prácticas desarrolladas durante siglos de perfeccionamiento de la consciencia humana* y las estás combinando en una rutina diaria concisa y personalizable.

Los *S.A.V.E.R.S.* de vida son:

Silencio

Afirmaciones

Visualización

Ejercicio

R *Reading* (lectura, en inglés)

S *Scribing* (escritura, en inglés)

Aprovechar estas seis prácticas es la clave para acelerar tu desarrollo personal durante tu recién descubierta rutina de *La mañana milagrosa*. Personalízalas y haz que se ajusten a ti, a tu estilo de vida, a tu empresa y tus metas específicas. Comienza a implementarlas desde mañana mismo y a primera hora.

Miremos con detalle en qué consisten todos y cada uno de los *S.A.V.E.R.S.* de vida.

S de Silencio

El silencio, la primera práctica de los *S.A.V.E.R.S.* de vida, es un hábito esencial en los emprendedores. Si haces parte de los que comienzan su día con el interminable bombardeo de correos electrónicos, llamadas telefónicas, mensajes de texto, reuniones, presentaciones, hojas de seguimiento y lanzamientos de nuevos productos, es decir, de todo lo que hace parte de la vida de emprendimiento, esta es tu oportunidad para comenzar cada día, primero que todo, tomando el tiempo para centrarte mediante un rato de silencio pacífico y con propósito.

La mayoría de emprendedores comienza su jornada revisando sus teléfonos inteligentes para ver sus correos electrónicos, mensajes de texto y las cifras que regirán su empresa ese día. Y además, muchos de ellos luchan para lograr que crezca. Eso no es coincidencia. Pero si haces un cambio y comienzas cada día apartando un tiempo de silencio para ti, reducirás de inmediato tus niveles de estrés e iniciarás tu jornada con la claridad y calma que necesitas para concentrarte en tus prioridades.

Muchos de los emprendedores de mayor éxito, así como las personas de grandes logros en todas las profesiones, suelen practicar a diario el silencio. No es sorpresa que Oprah practique la meditación —ni que practique casi todos los demás S.A.V.E.R.S. de vida—. La cantante Katy Perry practica la meditación trascendental, junto con Sheryl Crow y Sir Paul McCartney. Las estrellas de cine y televisión, Jennifer Aniston, Ellen DeGeneres, Jerry Seinfeld, Howard Stern, Cameron Diaz, Clint Eastwood, y Hugh Jackman han hablado en público acerca de su práctica de la meditación diaria. El magnate del Hip-hop, Russell Simmons, medita con sus dos hijas cada mañana durante 20 minutos. Incluso los famosos billonarios Ray Dalio y Rupert Murdoch han atribuido su éxito financiero a su práctica diaria de quietud. Tendrás buenas (y silenciosas) compañías si haces lo mismo.

Si te parece que te estoy pidiendo que no hagas nada durante tu rato de silencio, permíteme aclarar: existen varias maneras de practicarlo. Sin un orden en particular, las siguientes son algunas con las que podrías comenzar:

- Meditación
- Oración
- Reflexión
- Respiración profunda
- Agradecimiento

Lo que sea que elijas, asegúrate de no practicar en la cama tu periodo de silencio, mejor aún, sal de tu habitación.

En una entrevista con *Shape Magazine*, la actriz y cantante Kristen Bell dijo: "Haz yoga meditativo durante 10 minutos cada mañana. Cuando tengas un problema —bien sea ir manejando por una carretera peligrosa, enfrentando alguna situación difícil con tu pareja o en el trabajo—, la meditación permite que todo lo que afrontas se vaya arreglando y salga de la mejor manera posible".

Y no temas expandir tus horizontes. La meditación viene de muchas formas. Como Angelina Jolie dijo en *Stylist Magazine*: "Hago meditación al sentarme en el piso con los niños a colorear durante una hora o al salir a saltar en el trampolín. Haces lo que te encanta, eso te hace feliz y allí encuentras meditación".

Los beneficios del silencio

Como emprendedores ¿cuántas veces nos encontramos en situaciones estresantes? ¿Cuántas veces enfrentamos obstáculos inmediatos que nos alejan de nuestra visión o plan? No, estas no son preguntas capciosas —la respuesta es la misma para ambas: todos los días—. El estrés es una de las razones más comunes por las cuales los emprendedores pierden la concentración y también negocios. A diario, me enfrento a las constantes distracciones que me causan otras personas que invaden mi horario y a los inevitables incendios que debo extinguir. Acallar mi mente me permite hacer todo eso a un lado y enfocarme *en* mi empresa en lugar de solo *estar* en ella.

Pero el efecto del silencio va más allá de la productividad. El estrés en exceso también es terrible para tu salud. Mantiene activada tu respuesta de huida o lucha y en ese estado liberas una cascada de hormonas tóxicas que permanecen en tu cuerpo durante días. Y estaría bien si solo experimentaras ese tipo de estrés de vez en cuando. Pero cuando el bombardeo constante de tareas que parecen interminables, y que realizas en tu calidad de emprendedor, hace que las glándulas de adrenalina inunden tu cuerpo con cortisol, el impacto negativo en tu salud aumenta.

Según Christopher Bergland, un triatleta poseedor del récord mundial, entrenador y autor: "La hormona del estrés, el cortisol, es el enemigo #1 de la salud pública. Por años, los científicos han sabido que los niveles elevados de cortisol: interfieren en el proceso de aprendizaje y afectan la memoria, disminuyen las funciones inmunológicas, incrementan la tendencia a subir de peso, a una presión arterial más alta, a mayores niveles de colesterol y a afecciones cardíacas... y la lista sigue y sigue. El estrés crónico y los niveles elevados de cortisol también aumentan el riesgo de depresión, las enfermedades mentales y reducen la expectativa de vida".

En cambio, el silencio en forma de meditación reduce el estrés y, como resultado, mejora tu salud. Un importante estudio realizado por varios grupos, incluyendo National Institutes of Health, American Association, Mayo Clinic y científicos de las universidades de Harvard y Stanford, reveló que la meditación reduce el estrés y la presión arterial alta. Incluso, un estudio reciente, adelantado por el Dr. Norman Rosenthal, siquiatra reconocido a nivel mundial, que trabaja con David Lynch Fundation, encontró que las personas que practican la meditación tienen 30% menos de probabilidades de morir por alguna afección cardíaca.

Otro estudio de Harvard encontró que tan solo ocho semanas de meditación podrían conducir a "mayor densidad en la materia gris del hipocampo, conocida por su importancia en los procesos de aprendizaje y memorización, así como en estructuras asociadas con la consciencia propia, la compasión y la introspección".

La meditación te ayuda a bajar la velocidad y concentrarte en ti, así sea por corto tiempo. Comienza la práctica de la meditación y despídete de sentirte disperso y divagando sin un objetivo claro, sin intención ni propósito durante el día.

"Comencé a meditar porque sentí la necesidad de evitar que mi vida me controlara", dijo la cantante Sheryl Crow. "Y la meditación me ayudó a disminuir la velocidad de mi día". Hoy, ella sigue apartando 20 minutos en la mañana y 20 minutos en la noche para meditar.

Cuando estás en silencio, abres un espacio para ti antes de que te encuentres con otra persona. Los beneficios de esta práctica son extraordinarios y te darán mucha de la claridad que tanto necesitas, así como paz mental para que des lo mejor de ti en cualquier interacción. En otras palabras, practicar el silencio te ayuda a reducir el estrés, mejorar tu rendimiento cognitivo y, al mismo tiempo, a sentirte más seguro.

Meditaciones guiadas y aplicativos para meditar

La meditación es como cualquier otra cosa, si nunca antes la has hecho, será difícil o incómoda al comienzo. Si eres un meditador principiante, te recomiendo comenzar con una meditación guiada.

Si no tienes un dispositivo para descargar aplicaciones, solo ve a YouTube o busca en Google escribiendo las palabras "meditación guiada". También puedes buscar por duración (por ejemplo, "meditación guiada de cinco minutos") o por tema (por ejemplo: "meditación guiada para adquirir mayor autoconfianza").

Meditación (individual) durante tu rutina de la mañana

Cuando estés listo para probar la meditación por tu cuenta, la siguiente es una meditación práctica y sencilla que puedes usar durante tu mañana milagrosa, así nunca antes la hayas hecho.

- Antes de comenzar, es importante que te prepares y establezcas tus expectativas. Este es un tiempo para acallar tu mente y renunciar a tu necesidad compulsiva de pensar en algo —revivir el pasado o preocuparte por el futuro, pero nunca vivir a plenitud el presente—. Este es el tiempo para soltar todo lo que te estresa, tomar un descanso para no preocuparte de tus problemas y estar presente aquí, en el momento actual. Es un espacio para que tengas acceso a la esencia de lo que de verdad eres, para profundizar más en lo que tienes, lo que haces o las etiquetas que has aceptado como lo que eres. Si te parece extraño, o demasiado *Nueva Era*, está bien. Yo también me he sentido así. Quizás, es porque nunca antes lo has intentado, pero, por fortuna, estás a punto de hacerlo.

- Encuentra un lugar cómodo y silencioso en donde sentarte: un sofá, una silla, el piso o sobre una almohada para tener más comodidad.

- Siéntate derecho y con las piernas cruzadas. Procura cerrar los ojos o mirar hacia abajo a un punto del piso que esté a unos dos pies de distancia de donde te encuentras.

- Comienza concentrándote en tu respiración, tomando alientos lentos y profundos. Inhala por la nariz y exhala por la boca. La respiración más eficiente hace que tu abdomen se expanda y no tu pecho.

- Ahora, comienza a darle ritmo a tu respiración. Toma aire lentamente mientras cuentas tres segundos (un mil, dos mil, tres mil), sostén el aliento por otros tres segundos y luego exhala poco a poco, mientras cuentas otra vez hasta tres. Observa que tus pensamientos y emociones se tranquilizan en tanto que te concentras en tu respiración. Ten presente que, a medida que procuras acallar tu mente, los pensamientos seguirán llegando. Solo reconócelos y déjalos ir volviendo siempre a concentrarte en tu respiración.

- Date la posibilidad de estar presente por completo en este momento. Algunas personas se refieren a este estado como *ser*. No pensar, no hacer, solo ser. Continúa concentrado en tu respiración e imagina que inhalas energía positiva, de amor y paz, y que exhalas todas tus preocupaciones y estrés. Disfruta de la quietud. Disfruta del momento. Solo respira... solo sé.

- Si encuentras que tienes un flujo constante de pensamientos, sería útil que te concentraras en una sola palabra, frase o mantra para repetirla a medida que inhalas y exhalas. Por ejemplo, prueba algo como esto: "Inhalo confianza..." (mientras inhalas) y "exhalo temor..." (mientras exhalas). Si te parece mejor, cambia la palabra confianza por lo que creas que necesitas más en tu vida (amor, fe, energía, fuerza, etc.) y cambia la palabra temor con lo que sea que necesitas sacar (estrés, preocupación, resentimiento, etc.).

- La meditación es un regalo que puedes darte a diario. El tiempo que dedico a meditar se ha convertido en una de mis partes favoritas de la rutina de mis mañanas milagrosas. Es un tiempo para tener paz, para experimentar gratitud y libertad de lo que me estresa y de mis preocupaciones diarias.

- Considera la meditación diaria como unas vacaciones temporales del desafío de la vida. Aunque tus problemas seguirán ahí al terminar el día, observarás que estás más concentrado y mejor equipado para resolverlos.

A de Afirmaciones

¿Alguna vez te has preguntado cómo hacen algunos de los mejores emprendedores para tener un desempeño consistente y ser tan altamente productivos que te cuesta trabajo creer que algún día podrás unirte a ellos? O ¿por qué otras personas en la misma industria tuya apenas sí producen lo suficiente para sobrevivir? Una y otra vez, su *mentalidad* de emprendedores es la que parece ser el factor de impulso en su desempeño y la causa subyacente de sus resultados.

La mentalidad se define como la acumulación de creencias, actitud e inteligencia emocional. En su bestseller: *Mindset: The New Psychology of Success (Mentalidad: la nueva psicología del éxito)*, Carol Dweck, Ph.D. explica: "A lo largo de 20 años, mi investigación ha demostrado que la perspectiva que adoptas respecto a ti mismo afecta mucho la forma en que llevas tu vida". Muéstrame un gran emprendedor y te mostraré alguien con una gran mentalidad.

Otras personas a tu alrededor, desde clientes potenciales hasta colegas, perciben tu manera de pensar. La exhibes a todas luces en tu manera de expresarte, en tu nivel de autoconfianza (o carencia de esta) y en tus ademanes. Como consecuencia, tu manera de pensar afecta todo el proceso de creación de empresa, desde las metas que estás dispuesto a considerar y las acciones que tomas, hasta tus habilidades para liderar un equipo y desarrollar tu negocio.

Conozco de primera mano lo desafiante que tiende a ser para los emprendedores mantener un buen nivel de autoconfianza y entusiasmo —sin mencionar la motivación— durante su viaje de altibajos a medida que construyen sus empresas —es como si fueran en una montaña rusa—. Con frecuencia, adoptamos nuestra mentalidad por medio de pensamientos conscientes —a nivel inconsciente, todos hemos sido programados para pensar, creer, actuar y hablar con nosotros mismos de cierta manera—. Cuando las cosas se ponen difíciles, volvemos a nuestra mentalidad habitual ya programada.

Nuestra programación proviene de muchas fuentes, incluyendo lo que otros nos han dicho, lo que nos hemos dicho a nosotros mismos y todas nuestras experiencias de vida, sean buenas o malas. Esa programación se expresa a sí misma por medio de nuestra vida, incluyendo los negocios. Eso significa que, si queremos desarrollar nuestra empresa, debemos actualizar nuestra programación mental.

Las afirmaciones son una herramienta para hacer justo eso. Te permiten ser más intencional en cuanto a tus metas al mismo tiempo que adquieres el ánimo y la mentalidad necesarios para lograrlas.

La ciencia ha demostrado que las afirmaciones, *cuando se hacen de la manera correcta*, son una de las herramientas más efectivas para reprogramar tu mente inconsciente y convertirte a gran velocidad en la persona que debes ser a fin de lograr todo lo que deseas en la vida tanto para ti como para tu empresa y tus relaciones. Sin embargo, las afirmaciones también tienen un aspecto negativo. Muchos las hemos probado para después quedar decepcionados debido a que los resultados han sido pocos o nulos. Por tal razón, asegúrate de usarlas de tal manera que no dejen de producirte los resultados que esperas. Te mostraré cómo.

Al decir una y otra vez, y recalcarte *cual* es el resultado que quieres lograr, *por qué* crees que es importante lograrlo, *cuáles* acciones específicas debe producir ese resultado, y, por sobre todo, *cuándo* exactamente te comprometes a implementar esas acciones, tu mente inconsciente cambiará tus creencias y comportamientos. De manera automática, comenzarás a creer y a comportarte de nuevas maneras y, con el tiempo, tus afirmaciones se harán evidentes en la realidad. Pero, primero permíteme explicar...

Por qué no funciona la antigua manera de hacer afirmaciones

Por décadas, supuestos expertos y gurús innumerables del campo de la autoayuda, han enseñado afirmaciones de maneras que han demostrado no ser efectivas y que, en cambio, vez tras vez, han programado a la gente para el fracaso. Los siguientes son dos de los problemas más comunes con respecto a las afirmaciones.

Problema #1: mentirte a ti mismo no funciona

Soy un millonario. ¿De verdad?

Tengo 7% de grasa corporal. ¿Es cierto?

Este año he alcanzado todas mis metas. ¿Las alcanzaste, realmente?

Proclamar afirmaciones como si ya te hubieses convertido en eso que afirmas o como si ya hubieses alcanzado tu meta suele ser la razón primordial por la cual las afirmaciones no son efectivas para la mayoría de las personas.

Con esta técnica, cada vez que recitas una afirmación que no está cimentada en la verdad, lo único que logras es que tu inconsciente se resista a ella. Mentirte a ti mismo una y otra vez, como si fueras un ser humano que a pesar de su inteligencia está delirando, nunca será una estrategia óptima. *La verdad siempre prevalecerá.*

Problema #2: el lenguaje pasivo no produce resultados

Muchas afirmaciones están diseñadas para hacerte sentir bien estableciendo una promesa vacía de algo que deseas. Por ejemplo, esta es una afirmación de dinero muy común que muchos han perpetuado:

"Soy un magnate del dinero. El dinero me llega sin esfuerzo y en abundancia".

Sin lugar a dudas, este tipo de afirmaciones hace que te sientas bien en el momento, dándote un sentido falso de alivio ante tus preocupaciones financieras, pero no te generará ningún ingreso, pues, como verás, los soñadores que se sientan a esperar que el dinero les llegue por arte de magia no tienen dinero en efectivo en sus manos.

Para generar la abundancia que deseas (o cualquier resultado que esperes en ese sentido), tienes que hacer algo al respecto. Tus acciones deben estar alineadas con los resultados que anhelas y tus afirmaciones deben articular y afirmar esas dos cosas: acciones con resultados.

Cuatro pasos para crear afirmaciones que produzcan resultados

Los siguientes son cuatro sencillos pasos para establecer e implementar afirmaciones que vayan de acuerdo con la rutina de *La mañana milagrosa*, enfocadas en los resultados y con la capacidad de reprogramar tu mente inconsciente mientras dirigen tu mente consciente llevándote a actualizar tu comportamiento de tal forma que produzcas los resultados que esperas y alcances tus niveles de éxito personal y de emprendimiento más allá de lo que hayas experimentado antes.

Paso uno: el resultado ideal con el que estás comprometido y por qué

Ten presente que no estoy comenzando con lo que *quieres*. Todos queremos cosas, pero no obtenemos lo que queremos: obtenemos aquello con lo que estamos comprometidos. ¿Quieres ser un gran emprendedor? ¿Quieres ser millonario? ¡Quién de tus conocidos no quiere serlo! Así que bien puedes unirte a ese club poco exclusivo de soñadores. O ¿de verdad estás 100% comprometido en tu deseo de ser millonario y estás definiendo y ejecutando las acciones necesarias hasta obtener ese resultado? ¡Qué bueno, ahora sí estamos hablando!

Acción: comienza escribiendo un resultado extraordinario específico —uno que te desafíe y que mejoraría de manera significativa tu vida, uno al que estés dispuesto a comprometerte y a obtenerlo— así todavía no estés seguro de cómo conseguirlo. Luego, refuerza tu compromiso incluyendo tu *porqué*, esa razón atrayente por la cual estás dispuesto a mantenerlo.

Ejemplos: *Estoy comprometido a duplicar mis ingresos durante los próximos 12 meses, pasando de $_____ a $_____, de modo que le provea seguridad financiera a mi familia.*

O...

Estoy 100% comprometido a perder ____ libras y pesar ____ para _____ (fecha) y así tener más energía para realizar todas las acciones que llevarían a mi empresa al siguiente nivel.

Paso dos: las acciones necesarias que estás comprometido a tomar y cuándo

Escribir una afirmación que solo diga lo que *quieres* sin afirmar lo que estás comprometido a *hacer* es un paso que no tiene nada de objetivo y que, de hecho, suele ser contraproducente, ya que engañas a tu mente inconsciente haciéndola pensar que el resultado se dará automáticamente y sin esfuerzo.

Acción: aclara la acción (específica), la actividad o el hábito que debes tener para lograr el resultado ideal y expresa con claridad cuándo y con qué frecuencia la realizarás.

Ejemplos: *Para aumentar mis ingresos y utilidades, estoy comprometido a duplicar mis llamadas diarias a clientes potenciales (pasando de 20 a 40 llamadas), durante cinco días a la semana, entre las 8:00 a.m. y las 9:00 a.m. SIN IMPORTAR NADA MÁS.*

O...

Para perder ____ libras, estoy 100% comprometido a ir al gimnasio cinco días a la semana y correr en la caminadora durante, al menos, 20 minutos cada día, entre las 6:00 a.m. y las 7:00 a.m.

Cuanto más específicas sean tus acciones, más clara será tu programación, así que prográmate de tal forma que hagas, de manera consistente, todo lo necesario para acercarte más a tus metas. Asegúrate de incluir *frecuencia* (qué tan a menudo), *cantidad* (cuántas veces) y *márgenes de tiempo precisos* (cuándo comenzarás y terminarás tus actividades).

Paso tres: repite con emoción y cada mañana tus afirmaciones

Recuerda que tus afirmaciones durante tu rutina de la mañana no están diseñadas solo para hacerte *sentir bien*, sino que están escritas y diseñadas estratégicamente para programar tu inconsciente con la mentalidad apropiada para lograr los resultados que deseas mientras diriges tu mente consciente a mantenerse concentrada en tus más altas prioridades y a tomar las acciones que te llevarán a ese punto de lograr lo que afirmas.

Sin embargo, para que tus afirmaciones sean efectivas, es importante que aproveches tus emociones en el momento en que las repitas, ya que, como es obvio, el hecho de repetirlas sin pensar en lo que estás diciendo y sin sentir de manera intencional la verdad que hay implícita en ellas tendrá un impacto mínimo en tu vida. Para obtener óptimos resultados, tú necesitas asumir la responsabilidad de generar emociones auténticas, tales como expectación y determinación, e impregnar con poder esas emociones en cada afirmación.

No lo olvides: afirma lo que necesitas ser para hacer las cosas que debes hacer y así tener los resultados deseados. Esto, lo diré de nuevo: no es magia. Es una estrategia que funciona cuando creas conexión con la *persona que debes llegar a ser* en el camino hacia tus metas. Más que cualquier otra cosa, lo que eres es lo que en realidad genera los resultados que esperas.

Acción: programa tiempo todos los días para leer tus afirmaciones durante tu rutina de la mañana, programando así tu inconsciente y concentrando tu mente consciente en lo más importante para ti y en lo que estás comprometido a hacer para que tu deseo se convierta en una realidad. Es verdad, debes leerlas a diario. Leer una afirmación ocasional es tan efectivo como hacer ejercicio de vez en cuando. Solo comenzarás a ver resultados cuando las hayas hecho parte de tu rutina diaria.

Un gran lugar para leer afirmaciones es en la ducha. Si las laminas y las dejas ahí, entonces estarán frente a ti todos los días. Ponlas en varias partes que te queden a la mano: una tarjeta bajo el parasol de tu auto, una nota autoadhesiva en el espejo de tu baño o escríbelas directamente sobre el espejo usando marcadores borrables. Cuanto más las encuentres por todas partes, más se conectará tu mente inconsciente a ellas y más rápido cambiarás tu manera de pensar y tus acciones.

Paso cuatro: actualiza y desarrolla tus afirmaciones constantemente

Conforme tú continúas creciendo y evolucionando, así mismo sucederá con tus afirmaciones. Cuando encuentres una nueva meta, un sueño o cualquier resultado extraordinario que quieras crear para tu vida, añádelo a tus afirmaciones.

En lo personal, tengo afirmaciones para cada área significativa de mi vida (finanzas, salud, felicidad, relaciones, paternidad, etc.) y siempre estoy actualizándolas a medida que aprendo más. Siempre estoy en la búsqueda de frases, estrategias y filosofías que me gustaría añadir para mejorar mi mentalidad. Cada vez que te encuentres con una frase o una filosofía poderosa y pienses *"esa sí que es un área en la que yo podría mejorar mucho"*, añádela a tus afirmaciones.

Recuerda, tus afirmaciones deben ser personalizadas, son todo aquello en lo que estás *personalmente* comprometido. Deben ser específicas para que funcionen en *tu* inconsciente.

Tu programación es susceptible a cambios y perfeccionamiento en cualquier momento, comenzando ahora mismo. Procura reprogramar cualquier limitación que percibas en tus ideas y esfuérzate en remplazarlas por otras nuevas, de tal forma que llegues a ser tan exitoso como deseas en cualquier área de la vida que elijas.

En resumen, tus afirmaciones deben articular los resultados extraordinarios que estás comprometido a obtener, porque son de suma importancia para ti, pero, por sobre todo, ten muy claro qué acciones necesarias estás comprometido a emprender y cuándo para asegurarte de lograr y mantener los niveles de éxito extraordinario que de verdad deseas (y mereces) para tu vida.

Afirmaciones para crecer como emprendedor

Además de la fórmula para construir tus afirmaciones, incluyo esta lista de ejemplos de afirmaciones; los emprendedores exitosos suelen usarlas para aumentar su crecimiento y productividad, y para mejorar sus empresas en diferentes áreas. Siéntete en libertad de incluir en tu rutina diaria cualquiera que haga eco en ti.

- Merezco y soy tan capaz de alcanzar mis resultados ideales como cualquier otra persona sobre la Tierra y lo demostraré hoy con mis acciones.

- Estoy donde estoy como resultado de lo que *fui*, pero mi destino depende por completo de quién *elijo* ser a partir de hoy.

- Cada persona con la que hablo termina siendo mejor porque de verdad me interesa lo que está pasando en su vida y no tengo temor de hacerle un cumplido genuino. Ya sea que acepte o no trabajar conmigo, ¡que sienta gusto con nuestra interacción!

- Desarrollar mi empresa no se trata de mí, ni de lo que yo deseo. Consiste en crear conexión con mis compradores, mis clientes potenciales y mi equipo para encontrar lo que es importante para ellos y luego hacer que mis productos y oportunidades de negocio sirvan para satisfacer sus deseos y necesidades.

- Debo recordar que las personas compran productos según sus emociones y sentimientos, así que mi trabajo no es convencer a un cliente potencial de que *no puede vivir sin* mi producto o que debe venir a trabajar en mi empresa *hoy mismo*. Mi intención es presentarle una imagen atractiva (con palabras y relatos) que lo involucre emocionalmente en la experiencia de tener mi producto y en el deseo de vincularse a mi equipo. Haré que, para cada uno de mis clientes potenciales, sea divertido y emocionante decir "¡sí!".

- Uno de los verdaderos secretos de mi éxito como emprendedor es estar *comprometido con mi proceso sin apegarme emocionalmente a mis resultados*. No siempre puedo controlar mis resultados diarios, pero mientras complete los procesos que producen esos resultados, la Ley de los Promedios *siempre* funcionará y mis resultados se darán por sí mismos.

- Me comprometo a hacer un mínimo de ___ (número) de (elemento de acción), de lunes a viernes entre las ____:____ a.m. / p.m. y las ____:____ a.m. / p.m., siendo esto lo más importante.

- Veo a mi equipo, compradores y clientes potenciales como valiosos amigos y al concentrarme en cómo puedo, sin ningún interés, añadir valor a sus vidas, aumentaré el valor que les ofrezco.

- Me concentro en aprender cosas nuevas y mejorar a diario mis habilidades. Para esto, me comprometo a leer, al menos, uno o dos libros al mes.

- Sigo desarrollando conocimiento sobre mi servicio y cada semana leo noticias respecto a la industria para mantenerme adelante de mis competidores.

- Cada mes, aumento el volumen de mi grupo porque estoy comprometido en el mejoramiento constante e imparable de mi empresa, así como en ejecutar las acciones necesarias para lograr un aumento de resultados constante.

- Cada semana, dedico tiempo para alimentar las relaciones con mis clientes y miembros del equipo y, como resultado, genero cantidades de ventas.

- Estoy comprometido a capacitar a mi equipo con el conocimiento y las habilidades que aprendo para que ellos también puedan alcanzar por su propia cuenta el nivel de éxito que desean. Estos son solo unos ejemplos de afirmaciones. Usa las que consideres adecuadas para ti a fin de crear tu propia afirmación implementando la fórmula de cuatro pasos descrita en las páginas anteriores. Todo lo que te repitas a ti mismo con emoción, una y otra vez, se programará en tu mente inconsciente, formará nuevas creencias en ti y se manifestará con tus acciones.

V de Visualización

Por mucho tiempo, la visualización ha sido una práctica bien conocida entre atletas de clase mundial, quienes la usan para optimizar su desempeño. Los atletas olímpicos, así como los que obtienen el mejor rendimiento en muchos deportes, incorporan la visualización como parte crítica de su entrenamiento diario. Lo que muchos no saben es que los emprendedores de éxito con los mejores logros también la usan y con la misma frecuencia.

La visualización es una técnica mediante la cual empleas tu imaginación para crear una imagen atractiva y de gran claridad sobre tu futuro que produzca en ti la motivación que necesitas para hacerla realidad.

Para entender *por qué* la visualización funciona, observa lo que sucede con las neuronas espejo. Las neuronas son células que conectan el cerebro con otras partes del cuerpo. Una neurona espejo es aquella que enciende o envía un impulso cuando emprendemos una acción *u* observamos a otra persona realizándola. Esta es un área de estudio relativamente nueva en el campo de la neurología, pero, al parecer, estas células nos permiten mejorar nuestras habilidades cuando vemos a otros realizarlas *o* cuando nos visualizamos a nosotros mismos haciéndolas. Por ejemplo, algunos estudios indican que los levantadores de pesas experimentados logran aumentar su masa muscular mediante sesiones vívidas de visualización y son las neuronas espejo las que se llevan el crédito por hacer esto posible. De muchas maneras, el cerebro no sabe identificar la diferencia entre una visualización vívida y una experiencia real.

Siempre fui un poco escéptico respecto al valor de la visualización porque me parecía muy "de la Nueva Era". ¡Pero, cuando leí sobre las neuronas espejo, toda mi actitud al respecto cambió!

¿Qué visualizas?

La mayoría de emprendedores se ve limitada visualizando resultados que ha obtenido en el pasado. Muchos recuerdan una y otra vez sus fracasos y rupturas afectivas. Sin embargo, la visualización creativa te permite *diseñar* la visión que ocupará tu mente y se asegura de que la mayor ganancia para ti sea tu futuro, un futuro atractivo, emocionante e ilimitado.

Muchos no se sienten cómodos visualizando el éxito e incluso les asusta alcanzarlo, así que, quizá, se resisten a esta práctica. Incluso, hay quienes, al alcanzar el éxito, se sienten culpables de superar a colegas, amigos y familiares.

Esta famosa cita de Marianne Williamson es un excelente recordatorio para todo el que enfrente obstáculos mentales o emocionales cuando intente visualizar:

"Nuestro mayor temor no es ser inadecuados. Nuestro más profundo temor es que somos poderosos más allá de toda medida. Es nuestra luz, no nuestra oscuridad, lo que más nos atemoriza. Nos preguntamos: '¿Quién soy yo para ser brillante, atractivo, talentoso, fabuloso?'. Sin embargo, la verdadera pregunta sería: '¿Quién soy yo para no ser todo eso?'. Eres un hijo de Dios. Jugar en pequeño no es útil para el mundo. No hay nada iluminado respecto a encogerse para que otros no se sientan inseguros cuando estén cerca de ti. Todos estamos diseñados para brillar, así como los niños. Nacimos para manifestar la obra de Dios que está en nuestro interior y esta no está solo en algunos de nosotros, está en todos. Y cuando dejamos que esa luz brille de manera inconsciente, les damos permiso a los demás para hacer lo mismo. Cuando nos liberamos de nuestros propios temores, nuestra presencia libera automáticamente a los demás".

Piensa que el mayor don que puedes darles a tus seres queridos y a quienes lideras es que aprovechen todo tu potencial. ¿Cómo te parece eso?

Después de haber leído mis afirmaciones al practicar mi rutina de la mañana, tomo asiento en posición erguida, cierro los ojos y respiro bien despacio. Durante los próximos cinco a diez minutos, lo único que hago es visualizar las *acciones específicas* necesarias para que mis metas a largo y corto plazo se hagan realidad.

Ten presente que *no* dije que visualizo los resultados. Muchos no estarán de acuerdo en este asunto, pero algunos estudios demuestran que limitar tu visualización a un resultado (el auto, la casa, cruzar la línea de meta, pasar al frente del escenario, etc.) tiende a disminuir tu impulso porque, en cierto nivel, tu cerebro ya ha experimentado esa recompensa.

En lugar de eso, te recomiendo concentrar tu visualización en las acciones necesarias. Visualízate tomando acciones, en especial, aquellas a las que sueles resistirte y las pospones, de tal forma que crees una experiencia mental y emocional de acción. Por ejemplo, Hal menospreciaba correr, pero hizo un compromiso consigo mismo (y en público) de correr una ultra maratón de 52 millas. Durante sus cinco meses de entrenamiento, él usó la visualización para verse a sí mismo atándose sus zapatos de atletismo y comenzando a correr *con una sonrisa en su rostro y dinamismo en sus pasos*, así que, cuando llegaba la hora de entrenar, él ya se había programado para que la experiencia fuera positiva y agradable.

Como emprendedor, quizá te imagines divirtiéndote y teniendo conversaciones agradables con clientes potenciales cuando los llames. Pasa tiempo imaginando la presentación con tu cliente potencial. ¿Cómo podrías hacerla? ¿Qué se siente desarrollar una gran relación con esa persona? Imagínate respondiendo a sus objeciones y preguntas. Elije cualquier cosa que sea un paso de acción crítico o una habilidad que quizá no estés desempeñando al mejor nivel todavía. Visualizar el éxito te preparará para un día exitoso y casi que te lo asegurará.

Tres sencillos pasos para poner en práctica la visualización durante tu rutina de la mañana

El momento perfecto para visualizarte viviendo en armonía con tus afirmaciones es justo después de leerlas.

Paso uno: prepárate

A algunas personas les gusta escuchar música instrumental durante su visualización. Puede ser música clásica o barroca (busca algo del compositor J. S. Bach). Si te gusta experimentar con música, ponla con el volumen en bajo. En lo personal, para esta actividad, cualquier música con letra me desconcentra.

Ahora, siéntate erguido en una posición cómoda. Elige una silla, el sofá o el piso con un cojín. Respira profundo. Cierra los ojos, despeja tu mente y haz a un lado cualquier limitación autoimpuesta mientras te preparas para recibir los beneficios de la visualización.

Paso dos: visualiza lo que en realidad quieres

¿Qué es lo que deseas? Olvida la lógica, los límites y la practicidad. Si tuvieras que alcanzar una meta, ya sea a nivel personal o profesional ¿cuál sería? Involucra todos tus sentidos para maximizar la efectividad. Mira, escucha, toca, prueba y huele cada detalle de lo que estás visualizando. Cuanto más vívida hagas tu visión, más atraído te sentirás a dar los pasos necesarios para hacerla realidad.

Paso tres: visualiza una ejecución sin fallas

Cuando ya hayas creado una imagen mental de lo que deseas, comienza a verte a ti mismo haciendo todo lo que debes hacer para alcanzar tu visión, haciéndolo con total confianza y disfrutando cada paso del proceso.

Mírate participando en las acciones que debes emprender (hacer ejercicio, escribir, vender, hacer presentaciones, hablar en público, llamar, enviar correos electrónicos, etc.). Imagínate que proyectas y *sientes* mucha confianza al presentar tu propuesta ante cierta firma de capitales de riesgos con el fin de asegurar tu financiamiento. Mírate y *siente* que sonríes mientras trotas en la caminadora, lleno de orgullo por tu autodisciplina para seguir adelante. En otras palabras, visualízate haciendo una *ejecución perfecta*. Siente tu determinación a medida que emprendes acciones persistentes y avanzas en ese proyecto que tanto has estado posponiendo. Visualiza las reacciones de tus clientes, colegas, cónyuge, familiares y amigos ante tu comportamiento positivo y tu perspectiva optimista.

Últimas ideas sobre visualización

La visualización es una herramienta poderosa para superar creencias y hábitos autolimitantes tales como la procrastinación y te lleva a realizar de manera consistente las acciones necesarias para alcanzar resultados extraordinarios en tu empresa. Todas las mañanas, cuando leas tus afirmaciones y combines esta lectura con tu visualización, estarás recargando la programación de tu mente inconsciente para alcanzar el éxito que añoras con un nivel máximo de desempeño. Tus pensamientos y sentimientos estarán alineados con tu visión, a tal punto, que mantendrás la motivación que necesitas para continuar emprendiendo las acciones necesarias y alcanzando tus metas y sueños.

E de Ejercicio

El ejercicio es una parte esencial en tu rutina de la mañana. Así sean unos pocos minutos de ejercicio diario, mejoran significativamente tu salud, aumentan tu autoconfianza, tu bienestar emocional y te permiten pensar mejor y concentrarte por más tiempo. También notarás la rapidez con la que tu energía aumenta al hacer ejercicio todos los días; hasta quienes te rodean lo notarán.

Los expertos en desarrollo personal, que llegaron a ser multimillonarios gracias a su propio esfuerzo, Eben Pagan y Tonny Robins (quien también es autor de *bestsellers*) concuerdan en que la principal clave para el éxito es iniciar cada mañana con una rutina de éxito personal. Las rutinas de éxito de cada uno de ellos incluyen algún tipo de ejercicio. Eben es firme con respecto a la importancia del ejercicio *matutino*: "Cada mañana, debes elevar tu ritmo cardíaco, hacer que la sangre fluya y llenar tus pulmones con oxígeno". También afirmó: "No esperes a hacer ejercicio hasta el final de tu jornada o al mediodía. Si te gusta hacer ejercicio a esas horas, entonces, incorpora siempre un mínimo de 10 a 20 minutos de saltos de tijera o algún tipo de ejercicio aeróbico en la mañana". ¡Si le funciona a Eben y a Tony, también me funcionará mí!

A menos que creas que debes iniciar un entrenamiento de triatlón o maratón, piénsalo dos veces. Tu ejercicio matutino no debe ser remplazado por el plan de ejercicios que hayas implementado para las tardes o noches —si ya estás practicando en alguno de estos horarios—. Sigue haciéndolo a la hora acostumbrada. Sin embargo, los beneficios de hacer ejercicio matutino, por lo menos cinco minutos, son innegables, entre ellos está una mejor presión arterial, menores niveles de azúcar y menores riesgos de toda clase de enfermedades preocupantes tales como las afecciones cardíacas, la osteoporosis, el cáncer y la diabetes. Quizá, lo más importante es que un poco de ejercicio en la mañana aumentará tus niveles de energía para el resto del día, lo cual te ayuda a mantenerte al ritmo de los altibajos de la vida.

Procura salir a caminar o correr, ir al gimnasio, iniciar un régimen de P90X o del DVD Insanity, seguir los movimientos de un video de yoga en YouTube o conseguir un compañero de *S.A.V.E.R.S.* de vida para jugar algo de ráquetbol temprano en la mañana. También hay una excelente aplicación llamada 7 Minute Workout que te da ejercicios para todo el cuerpo en, sí, adivinaste, tan solo 7 minutos. Esos ejercicios rápidos son mis favoritos cuando estoy de viaje en eventos de conferencias porque es fácil incluirlos en mi atiborrada agenda. No hay excusa para no hacerlos. Tú eliges, solo escoge uno y hazlo.

Como emprendedor, siempre estás en movimiento. Necesitas una reserva inagotable de energía para aprovechar todas las oportunidades que surjan en tu camino y la práctica diaria de ejercicio en la mañana te dará esa reserva.

Ejercicio para incrementar tu desempeño cerebral

Así no te preocupe mucho tu salud física, considera que el ejercicio puede hacerte más inteligente y ayudarte a tener mejores habilidades para resolver problemas. El Dr. Steven Masley, médico y nutricionista de Florida, cuya práctica está enfocada en ejecutivos, explica por qué el ejercicio crea una conexión directa con tu habilidad cognitiva.

"Si hablamos de desempeño cerebral, el mejor predictor de velocidad cerebral es la capacidad aeróbica —tu capacidad de correr en ascenso tiene una fuerte correlación con tu velocidad cerebral y tu habilidad de intercambio cognitivo", expresó Masley.

Masley ha diseñado un programa de bienestar corporativo basado en el trabajo que ha realizado con más de 1.000 pacientes. "La persona promedio que sigue estos programas suele aumentar su velocidad cerebral entre un 25% y un 30%".

Hal eligió el yoga como su actividad física y comenzó a practicarlo poco después de diseñar su rutina propuesta en *La mañana milagrosa*. Desde el comienzo, él lo ha estado practicando y le encanta. Mi rutina de ejercicios es diferente.

Por lo general, troto por mi vecindario mientras escucho excelentes programas o audiolibros seguidos de una rutina de ejercicios de 7 minutos. En la actualidad, estoy entrenando para mi primera maratón y me encanta la sensación de paz que tengo al pasar tiempo alejado de mi empresa mientras estoy corriendo. Para mí, esta práctica logra varias cosas al mismo tiempo. Correr me ayuda a despertar e iniciar mi mañana milagrosa, recibo una dosis de vitamina D para mi mente y mi cuerpo, obtengo una combinación de ejercicio cardíaco y muscular, y una dosis de inspiración de lo que sea que esté escuchando.

Mi esposa también hace ejercicio como parte de su mañana milagrosa. ¡Su actividad física me motiva a mí también! Me encanta que los dos tomemos acciones para mantenernos saludables. Te animo a encontrar el método que mejor funcione tanto para ti como para tu vida y a que lo hagas parte de tu mañana milagrosa.

Últimas ideas en cuanto al ejercicio

Ya sabes que, si deseas mantener una buena salud y aumentar tu energía, debes ejercitarte consistentemente. Eso no es una novedad para nadie. Pero tampoco es novedoso lo fácil que es tener excusas. Dos de las principales son: "No tengo tiempo" y "Estoy muy cansado". Y esas son solo las dos primeras de la lista. No hay límite en la cantidad de excusas que encontrarás. Y cuanto más creativo seas, ¡más excusas hallarás!

Esa es la belleza de hacer que el ejercicio haga parte de tu mañana milagrosa —lo practicas antes de que tu día te desgaste y de que tengas tiempo para nuevas excusas—. Como es lo primero que haces, la rutina de la mañana es una manera segura de evitar obstáculos y hacer que el ejercicio sea un hábito diario en tu vida.

Aclaración: espero que esto se sobreentienda, pero recuerda que deberías consultar a tu médico antes de comenzar un régimen de ejercicios, en especial si tienes algún dolor físico, una incomodidad o discapacidad, etc. Quizá, debas modificar o incluso refrenarte de realizar alguna rutina de ejercicios para atender tus necesidades personales.

R de *Reading* (lectura en inglés)

Como emprendedores, sabemos que una de las maneras más rápidas de alcanzar los resultados que deseamos es encontrando gente exitosa que nos sirva como modelo. Por cada meta que tengas, es muy probable que allá afuera encuentres a un experto que ya ha alcanzado eso mismo que tú quieres lograr o algo similar. Como dice Tony Robbins: "El éxito deja pistas".

Por fortuna, algunos de los mejores triunfadores nos han compartido sus historias por escrito. Eso significa que todos los planos del éxito están disponibles para quien esté dispuesto a invertir tiempo leyendo. Los libros son un suministro ilimitado de ayuda y mentoría al alcance de tus manos.

Un desafío importante para los emprendedores es que somos muy inclinados (incluso *adictos*) a producir resultados. Esa es nuestra bendición, así como nuestra maldición. Es una bendición porque nos diferencia de la mayoría de la gente en nuestra sociedad. Muchos se sienten cómodos marcando una hora de entrada y otra de salida, y haciendo el mínimo esfuerzo para obtener una pequeña compensación. En cambio, para los emprendedores, producir resultados es lo que nos da el impulso para crear, añadir valor y marcar una diferencia en el mundo.

Esta adicción a producir resultados es también una maldición porque, muy a menudo, nos impide dedicar tiempo para mejorarnos a nosotros mismos y a nuestra empresa. Dado que la lectura no produce resultados *directos* (al menos, en el corto plazo), nuestro gen innato de emprendimiento, si es que existe, nos impulsa hacia otras actividades cuyo fruto sea más palpable y evidente. El problema es que esos resultados suelen ser tareas de bajo nivel, tales como revisar el correo electrónico.

A veces, escucho emprendedores decir algo como: "Estoy muy ocupado, no tengo tiempo para leer". Los entiendo. Yo también solía creer eso. Pero ahora, creo en lo que mi mentor solía decir: "Las mejores mentes de la Historia humana han dedicado años a condensar lo mejor de sus conocimientos en unas pocas páginas que están al alcance de tus manos por tan solo unos pocos dólares y reducir así décadas en tu curva de aprendizaje. Pero sí, entiendo… estás muy ocupado…". *¡Ouch!*

¿Quieres ir de cero a $100 millones en poco tiempo? ¿Quieres aprender a pensar y hacerte rico? ¿Estás listo para despertar al gigante dentro de ti? ¿Quieres ser feliz sin ningún motivo específico? ¿Quieres implementar una semana laboral de cuatro horas? ¿Estás listo para duplicar tus ingresos y utilidades en tres años o menos? Este es tu día de suerte… he escuchado que muchos autores han escrito libros que abordan justamente esos temas. ¡Es cuestión de buscarlos!

Además de lograr éxito como emprendedor, estoy seguro de que la lectura transforma tus relaciones, aumenta tu autoconfianza, mejora tus habilidades de comunicación y persuasión, aprendes a mantenerte saludable y, en general, mejora cualquier área de tu vida.

¿Cuánto deberías leer?

Te recomiendo que te comprometas a leer un mínimo de 10 páginas al día (aunque está bien comenzar con cinco si lees lento o todavía no disfrutas leyendo).

Quizá, diez páginas no parezcan mucho, pero hagamos cuentas: leer diez páginas al día da un total de 3.650 páginas al año, que, en su totalidad, da un aproximado de 18 libros de 200 páginas que te permitirán alcanzar el siguiente nivel para poder llevar el éxito de tu empresa también al siguiente nivel, todo en tan solo 10 o 15 minutos de lectura diaria o de 15 a 30 minutos, si lees más lento.

Permíteme hacerte esta pregunta: si durante los próximos 12 meses lees 18 libros de desarrollo personal y profesional, ¿crees que tu mentalidad mejorará, que ganarás más confianza y aprenderás estrategias comprobadas para acelerar tu éxito? ¿Crees que serás una mejor versión de ti mismo, más capacitada de la que eres hoy? ¿Crees que esa diferencia se vería reflejada en tu empresa? ¡Claro que sí! Leer 10 páginas al día no te hace daño, por el contrario, te forma.

Últimas ideas en cuanto a la lectura

- Comienza con el final en mente considerando esta pregunta: ¿Qué esperas obtener del libro que elegiste? Toma un momento ahora para preguntarte qué deseas obtener de esa lectura.

- Los libros no hay que leerlos de tapa a tapa, ni tampoco es necesario terminarlos. Recuerda que es *tú* tiempo de lectura. Usa el Índice para asegurarte de leer las partes que más te interesan y no dudes hacerlo a un lado y pasar a otro libro si no estás disfrutándolo o no estás obteniendo valor. Tienes demasiadas opciones de información excelente como para que le dediques tiempo a una lectura mediocre. De hecho, te sugiero que leas mi primer libro, *Double Double,* y asegúrate de leer solo los capítulos que, en tu opinión, mejor se ajusten a ti.

- A menos que un amigo te haya prestado el libro, o que lo hayas tomado de una biblioteca, siéntete en libertad de subrayarlo, encerrar en círculos lo que te llame la atención y tomar notas en sus márgenes. El proceso de marcar libros a medida que los lees te permite volver en cualquier momento y recapturar las lecciones, ideas y beneficios claves sin tener que volver a leerlos todos. Si usas un lector digital, como Kindle, Nook o una aplicación de iBooks, las notas y partes que subrayes se organizan con facilidad,

- así puedes verlas cada vez que revises el libro o puedes ir directo a la lista de notas y partes subrayadas.

- Resume en un diario las ideas clave, las perspectivas interesantes y los pasajes memorables que hallaste en la lectura. Haz tu propio resumen de todos y cada uno de tus libros favoritos para poder repasar sus contenidos en cualquier momento y en pocos minutos.

- Volver a leer buenos libros de desarrollo personal es una estrategia efectiva que no se usa mucho. Sin embargo, pocas son las veces que puedes leer un libro una vez e interiorizar todo su valor, así que alcanzar el dominio del conocimiento en cualquier área requiere de repetición. He leído libros como *Piense y hágase rico* hasta tres veces y, a menudo, vuelvo a consultarlos durante el año. ¿Por qué no intentarlo con este libro? Comprométete a volver a leer *La mañana milagrosa para emprendedores* tan pronto como lo termines para profundizar su contenido y darte más tiempo para dominar las prácticas aquí propuestas.

- ¡Los libros en audio también cuentan como lectura! Obtienes información y tienes la opción de escucharlos mientras te ejercitas o viajas de un lado a otro. Si quieres estudiar más de cerca un libro, escucha el audio mientras lees el texto. Como ya lo mencioné antes, disfruto escuchando libros en audio mientras hago ejercicio. Hago dos cosas al mismo tiempo y la emoción que siento con el material inspirador que escucho influye en cómo me siento respecto a mi ejercicio y viceversa.

- Más importante aún: no tardes en poner en práctica lo que lees. Programa tiempo para implementar pasos que te den resultados según los consejos que quieras seguir *a medida que lees*. Mantén tu calendario a la mano y programa bloques de tiempo para darle acción al contenido de lo que lees. No te conviertas en un acumulador de desarrollo personal que lee mucho, pero hace poco. He conocido a muchas personas que se enorgullecen de la cantidad de libros que leen, como si fueran medallas de honor. Yo preferiría leer e implementar un buen libro en lugar de leer 10 libros y no hacer otra cosa más que comenzar a leer el undécimo. Aunque la lectura es una manera excelente de obtener conocimiento, perspectivas y estrategias, avanzar en la vida y en los negocios es aplicar y practicar lo que aprendes. ¿Estás comprometido a usar lo que estás aprendiendo en este libro tomando acciones y llevándolas a cabo con el "Desafío de 30 días con *La mañana milagrosa*" del Capítulo 10?

¡Me alegra saberlo! Lleguemos a la S final de los S.A.V.E.R.S. de vida.

S de *Scribing* (escribir en inglés)

Scribing es tan solo otro término que también significa escribir. Seamos directos: Hal necesitaba otra *S* al final de los *S.A.V.E.R.S.* de vida porque la *W* (de *Writing*) no sería apta para conservar el acrónimo. Gracias Thesarus, te debemos una.

La mayoría de los que practican la rutina de *La mañana milagrosa* se toma de 5 a 10 minutos para escribir en su diario durante este tiempo de la mañana. Si sacas los pensamientos de tu cabeza y los pones por escrito, adquirirás de inmediato más consciencia, claridad y perspectivas valiosas que pasarías por alto si no las escribieras. La actividad de escribir durante tu rutina de la mañana te permite plasmar en papel todo aquello por lo que estás agradecido y documenta tus perspectivas, ideas, avances, éxitos y lecciones aprendidas, incluyendo cualquier área de oportunidad, crecimiento o mejoramiento personal.

Si eres como era Hal, quizá tengas unos pocos y levemente usados diarios y libros de notas. No fue sino hasta cuando él comenzó su práctica de la mañana que la actividad de escribir pronto se convirtió en uno de sus hábitos diarios favoritos.

Escribir te dará los beneficios propios de dirigir a diario y conscientemente tus pensamientos, pero lo que es más poderoso son las perspectivas que ganarás cuando revises tus escritos de comienzo a fin, en especial, al finalizar cada año. Tony Robbins ha dicho muchas veces: "Una vida que ha valido la pena, bien vale la pena documentarla".

Es difícil poner en palabras lo abrumadoramente constructiva que es la experiencia de repasar y revisar tus diarios. Michael Maher, el coautor de *The Miracle Morning for Real Estate Agents*, es un ávido practicante de los *S.A.V.E.R.S.* de vida. Parte de su rutina en la mañana es escribir apreciaciones y afirmaciones en el que él llama su "libro de bendiciones". Michael lo dice mejor:

"Lo que aprecias... se VALORIZA. Es hora de dejar nuestro insaciable apetito por lo que deseamos y remplazarlo con un apetito insaciable y una enorme gratitud por lo que tenemos. Escribe sobre todo aquello que aprecias, sé agradecido y valóralo, y tendrás más de lo que deseas —mejores relaciones, más bienes materiales, más felicidad".

Una excelente práctica para añadir a tu rutina es escribir lo que aprecias respecto a los diferentes aspectos de tu empresa. Por ejemplo, cuando escribimos lo que apreciamos de nuestro equipo y de su desempeño, aun (y en particular) cuando no nos sintamos muy satisfechos al respecto, es más fácil concentrarnos en lo que está bien y capitalizarlo. La práctica de tener un registro de lo que aprecias te ayuda a concentrarte en lo positivo y esto contribuye a mantenerte flexible y enfocado en las soluciones que necesitas implementar cuando las circunstancias sean retadoras.

Si bien, llevar un diario aporta muchos beneficios que valen la pena, los siguientes son algunos de mis beneficios favoritos al escribir todos los días:

- **Ganarás claridad:** llevar un diario te dará más claridad y comprensión de tus circunstancias pasadas y actuales, te ayudará a trabajar en los desafíos que estés enfrentando en el momento y te permitirá explorar ideas, priorizar y planear a diario tus acciones para optimizar tu futuro.

- **Capturarás ideas:** Podrás capturar, organizar y expandir tus ideas, y evitarás perder las que consideres importantes; por el contrario, las mantendrás guardadas para el momento oportuno.

- **Revisarás las lecciones:** llevar un diario te da un lugar para registrar, consultar y revisar todas las lecciones que estás aprendiendo, tanto de los triunfos como de los errores que se presenten por el camino.

- **Reconocerás tu progreso:** volver a leer los apuntes en tu diario de hace un año o de la semana pasada y ver el progreso que has hecho suele ser de gran beneficio. A menudo, logramos una tarea o una meta y pasamos a la siguiente sin apreciar nuestros esfuerzos. Ver tu avance es una de las experiencias más provechosas, esclarecedoras y generadoras de confianza, y no podemos remplazarla de ninguna manera.

- **Mejorarás tu memoria:** las personas tienden a asumir que recordarán algo específico siempre, pero, si alguna vez has ido al supermercado sin una lista, sabes que eso no es cierto. Cuando escribimos es mucho más probable que recordemos lo que necesitamos, y si lo olvidamos, será fácil volver a leerlo.

Enfocarte en la brecha: ¿Te está ayudando o afectando?

La brecha existente entre nuestro potencial humano individual y lo capaces que hemos sido de aprovecharlo varía en tamaño de persona a persona. Quizá, tú seas de los que sienten que, actualmente, están muy cerca a desempeñarse al máximo de su potencial y que con un par de ajustes marcarían una gran diferencia en su experiencia de vida y en la de los demás. O tal vez, seas de los que sienten lo opuesto —que están tan lejos de aprovechar todo su potencial que ni siquiera saben por dónde comenzar a hacerlo producir—. Lo cierto es que, cualquiera que sea tu caso, ten presente que es muy posible y alcanzable vivir de acuerdo a todo tu potencial y llegar a ser la persona que puedes llegar a ser.

Ya sea que en este momento te encuentres lejos de estar utilizándolo y sientas que en tu camino hay una brecha del tamaño del Gran Cañón que nunca lograrás cruzar al otro lado, o que hayas estado esforzándote por cruzar, pero te encuentres estancado en un punto específico y no hayas podido cerrar esa brecha, es hora de cambiar tu enfoque.

Por lo general, los seres humanos hemos estado condicionados a operar *enfocándonos en la brecha*. Es decir, tendemos a fijar nuestros ojos en el vacío que existe entre el punto donde nos encontramos y el punto donde queremos estar: entre lo que hemos logrado y lo que podríamos, deberíamos o desearíamos haber logrado. En otras palabras, nos concentramos en esa brecha entre lo que hoy somos y nuestra visión perfecta e idealista de la persona que creemos que deberíamos ser.

El problema es que nuestro enfoque constante en la brecha suele afectar nuestra confianza y autoimagen, haciendo que nos sintamos como si no tuviéramos lo que se necesita, como si no hubiésemos logrado lo suficiente porque en realidad no somos tan capaces o no tanto como deberíamos ser. Y es así como concluimos que *nunca lo seremos*.

Los emprendedores de alto rendimiento suelen ser los peores en este aspecto. Tienden a ignorar o a minimizar sus logros todo el tiempo, son muy rudos consigo mismos por cada error o imperfección, terminan todos los días con la sensación de que habrían podido hacer más y casi siempre están sintiéndose como si todo lo que hicieran fuera, escasamente, bueno.

La ironía es que el enfoque en la brecha hace parte importante de la razón por la cual los emprendedores de alto desempeño logran todo lo que se proponen. Su deseo insaciable por cerrar esa brecha es lo que alimenta su búsqueda de la excelencia y lo que con frecuencia los impulsa hacia alcanzar sus logros. Dicho enfoque resulta saludable y productivo si proviene de una perspectiva positiva y proactiva, sin sentimientos de inferioridad: "Estoy comprometido y emocionado ante la posibilidad de realizar mi potencial". Por desgracia, rara vez, es así. La persona promedio, incluso las que son muy efectivas, tiende a tener un enfoque negativo con respecto a sus vacíos.

Las personas *altamente* efectivas —las que son equilibradas y cuyo enfoque es crecer al nivel 10 en casi todas las áreas de su vida— son muy agradecidas por lo que tienen, con frecuencia se dan reconocimientos a sí mismas por lo que han logrado y siempre están en paz con lo que son. Es cuestión de mantener el equilibrio de la paradoja entre "estoy haciendo lo mejor que puedo en este momento" y "*puedo hacerlo mejor y lo haré mejor*". Esta autoevaluación equilibrada evita que surja en ellas ese sentimiento de vacío —de no ser, de no tener o no hacer lo suficiente— y, al mismo tiempo, les permite prosperar paso a paso hasta cerrar esa brecha entre su potencial y su ser en cada área.

Por lo general, cuando termina un día, una semana, un mes o un año y estamos enfocados en la brecha, es casi imposible mantener una evaluación acertada de nosotros mismos y de nuestro progreso. Por ejemplo, si tenías 10 puntos en tu lista de pendientes para el día —así hayas completado seis de ellos—, si estás enfocado en la brecha, terminas sintiendo que no hiciste todo lo que tenías planeado hacer.

La mayoría de las personas hace *bien* docenas e incluso cientos de cosas durante el día y algunas pocas mal. Sin embargo, ¿adivina cuáles recuerdan y repasan en su mente una y otra vez? ¿No tiene más sentido concentrarte en las 100 cosas que hiciste bien? Sin duda, es más agradable.

¿Y qué tiene que ver esto con la rutina de escribir? Que al escribir todos los días de manera específica e intencional, siguiendo un proceso estratégico estructurado (hablaremos más de eso en breve) te enfocará en lo que *sí* lograste, en aquello por lo que *estás* agradecido y en lo que estás *comprometido* a hacer mejor hoy. Esta práctica te lleva a disfrutar más a fondo tu jornada diaria, hace que te sientas bien con el avance que hiciste y te proporciona toda la claridad que necesitas para acelerar tus resultados.

Aunque escribir te dará los beneficios diarios e inmediatos que resultan de dirigir de manera consciente tus pensamientos y tu concentración, lo más poderoso son las perspectivas que ganarás cuando revises y vuelvas a leer tus diarios después de un tiempo. Es difícil poner en palabras lo constructiva que es la experiencia de repasar y revisar tus diarios.

Cómo escribir un diario con efectividad

Los siguientes son tres pasos sencillos para iniciar la escritura de un diario o mejorar tu método actual.

Paso uno. Elige un formato bien sea físico o digital. Es bueno que decidas desde el comienzo si prefieres un diario tradicional físico o uno digital (en tu computadora o en una aplicación para tu dispositivo móvil). Si no estás seguro, experimenta con ambos para ver con cuál te sientes mejor.

Paso dos. Consigue una agenda que te guste. Casi cualquiera funciona, pero cuando se trata de hacer un diario en una agenda de papel, es claro que debe ser una duradera, que te guste mirar —al fin de cuentas, lo ideal es que la tengas por el resto de tu vida—. En mi caso, me encanta comprar agendas de cuero de alta calidad con líneas en las páginas, pero es tu agenda, así que opta por la que mejor te funcione. Algunas personas las prefieren sin líneas para poder dibujar o diseñar sus mapas mentales. A otras les gusta tener una que traiga impresas las fechas, con una página para cada día del año, esto con el fin de que se les facilite su ejercicio personal de rendición de cuentas.

Los siguientes son algunos ejemplos de mis diarios favoritos de los lectores de *La mañana milagrosa* en Facebook:

- *El diario de cinco minutos:* ideal para performers de alto desempeño. Es un formato muy específico para cada día e incluye frases y preguntas como: "Estoy agradecido por..." y "¿Qué hará que hoy sea un día excelente?". Solo se necesitan cinco minutos o menos para usarlo a cualquier hora del día o la noche.

- *El diario de la libertad:* propone un proceso estructurado, día a día, enfocado en ayudarte con un solo objetivo: *alcanzar tu meta #1 en tan solo 100 días*. Es útil para ayudarte a definir y alcanzar una gran meta a la vez.

- *El diario de viñetas:* es un diario que puedes comprar en muchas librerías, pero también podría ser un sistema personalizable en el cual puedas incorporar tu lista de pendientes, una sección para dibujos y diagramas, el espacio para escribir a diario, pero lo más probable es que sea todo lo anterior al mismo tiempo. Nuestra coautora, Honorée, asegura que su diario de viñetas es el mejor de todos y lo usa como su sistema de organización diaria.

- *El diario de La mañana milagrosa:* diseña tu agenda, específicamente, para mejorar y apoyar tu rutina de la mañana, para mantenerte organizado y rindiéndote cuentas a ti mismo y para hacerles seguimiento diario a tus *S.A.V.E.R.S.* de vida.

Si prefieres usar un diario digital, también hay muchas opciones disponibles. Las siguientes son algunas de nuestras favoritas:

- *Five Minute Journal:* es una aplicación para iPhone y te permite cargar fotografías a tus entradas diarias y te envía recordatorios útiles para hacer tus entradas cada mañana y cada noche.

- *Day One:* es una popular aplicación para diario y es perfecta si no quieres una estructura o límites para lo que quieras escribir. Te ofrece una página en blanco para cada entrada diaria, así que, si deseas escribir entradas extensas en tu diario, esta sería la aplicación adecuada para ti.

- *Penzu*: es un diario en línea muy reconocido y no es necesario contar con un dispositivo iPhone, iPad o Android. Lo único que necesitas es una computadora.

De nuevo, todo se resume a tus preferencias y a las características que buscas. Si ninguna de estas opciones digitales te convence, haz una búsqueda en Google escribiendo "diario en línea" o solo escribe "diario" en la tienda de aplicaciones y encontrarás una variedad de opciones.

Paso tres: Escribe todos los días y respecto a cualquier tema: un buen punto de partida es escribir notas acerca del libro que estés leyendo o hacer una lista de aquellas cosas por las que estás agradecido y tus 3 a 5 prioridades para el día. Escribe todo lo que te haga sentir bien y optimice tu día. No te preocupes por la gramática, la ortografía o la puntuación. Tu diario es un lugar para darle libertad a tu imaginación, así que ponle bozal a tu crítico interior y no edites, ¡solo escribe!

Cómo personalizar tus *S.A.V.E.R.S.* de vida

Sé que quizá tendrás días en los que no podrás practicar tu rutina completa a la misma hora. En ese caso, siéntete en libertad de separar los *S.A.V.E.R.S.*

Quiero compartir contigo algunas ideas especialmente diseñadas para personalizar los *S.A. V.E.R.S.* según tu horario y preferencias. Tal vez, tu rutina actual en la mañana te permite separar solo 6, 20 o 30 minutos para ponerlos en práctica o quizás elijas hacer una versión más larga de ellos durante los fines de semana.

El siguiente es el ejemplo de un horario común de una rutina de 60 minutos:

Silencio: 10 minutos

Afirmaciones: 10 minutos

Visualización: 5 minutos

Ejercicio: 10 minutos

Lectura: 20 minutos

Escritura: 5 minutos

También es posible adaptar la secuencia. Yo prefiero hacer primero el ejercicio para aumentar el flujo sanguíneo y sentirme bien despierto y despejado el resto del día. Sin embargo, es probable que tú prefieras dejarlo para lo último y así no estar sudoroso durante el resto de tu rutina. Hal prefiere comenzar con un periodo de silencio pacífico e intencional para despertarse poco a poco, despejar su mente y concentrar su energía e intenciones. Sin embargo, se trata de tu rutina, no de la nuestra, así que bien puedes experimentar con diversas secuencias para ver cuál te gusta más o te funciona mejor.

La rutina de *La mañana milagrosa* y el manejo del ego

¿Alguna vez te has preguntado por qué puedes resistirte a las golosinas en la mañana, pero no tienes la misma resistencia en la tarde o en la noche? ¿Por qué tu fuerza de voluntad es mayor unas veces y otras te abandona? Pues porque resulta que la fuerza de voluntad es como un músculo que se cansa debido al uso, por eso al final del día es más difícil movernos a hacer actividades que nos benefician y evitar las que no.

La buena noticia es que, sabiendo cómo funciona, es más fácil prepararnos para el éxito al planear con anticipación. ¿Y cuál es la gran noticia? Que *La mañana milagrosa* hace parte integral de tu plan. Para ver cómo funciona el ego, necesitamos saber cómo controlarlo.

El control del ego es "la capacidad de una persona para regular sus pensamientos, sentimientos y acciones". Según Roy F. Baumeister y John Tierney, autores de *Willpower: Rediscovering the Greatest Human Strength*, el ego es menos fuerte al final del día y cuando tenemos hambre, estamos cansados o hemos tenido que usar nuestra fuerza de voluntad con mucha frecuencia o por mucho tiempo.

Si esperas hasta finalizar el día para hacer algo importante que te da energía y te ayuda a llegar a ser la persona y el emprendedor que quieres ser, verás que tus excusas son más atractivas y tu motivación desaparece. Pero cuando te levantas y haces, primero que todo, tu rutina de la mañana, ganas la energía e intencionalidad que te brindan los *S.A.V.E.R.S.* de vida y evitas que la disminución de tu ego se interponga en tu camino.

Como tienes el hábito de practicar los *S.A.V.E.R.S.* a diario, ya sabes que la dinámica de crear disciplinas es más viable cuando tu fuerza de voluntad es más fuerte y usas este conocimiento y energía para adoptar hábitos pequeños y realizables en otros momentos del día.

Últimos comentarios en cuanto a los *S.A.V.E.R.S.* de vida

Todo es difícil antes de ser fácil. Toda experiencia nueva es incómoda antes de ser cómoda. Cuanto más practiques los *S.A.V.E.R.S.* de vida, más sentirás con naturalidad y normalidad cada uno de ellos.

La primera vez que Hal meditó, casi que fue la última, porque su mente corría como un Ferrari y sus pensamientos rebotaban descontrolados de un lado a otro, como una esfera de plata en una máquina de pinball. Ahora, le encanta la meditación y, aunque todavía no es un maestro, dice que es bueno en esta práctica.

Por mi parte, cuando comencé mi rutina, tuve problemas con las afirmaciones. No sabía qué deseaba afirmar. Usaba algunas de *La mañana milagrosa* y añadía otras que vinieran a mi mente. Estaban bien, pero, en realidad, no *significaban* mucho para mí en un comienzo.

Con el tiempo, a medida que encontraba elementos que consideraba poderosos, iba añadiéndolos a mis afirmaciones y ajustaba los que ya tenía. Hoy en día, mis afirmaciones significan mucho para mí y usarlas a diario terminó siendo un acto mucho más poderoso y significativo.

Te invito a comenzar a practicar ahora mismo los *S.A.V.E.R.S.* de vida para que te familiarices y te sientas a gusto con todos y cada uno de ellos, de modo que logres un buen impulso antes de comenzar el desafío de 30 días para transformar tu vida con *La mañana milagrosa* en el Capítulo 10.

La rutina de la mañana en solo seis minutos

Si tu mayor preocupación es no disponer de tiempo, no te preocupes. Yo te cubro. Es posible practicar toda la rutina y obtener todos los beneficios de los seis *S.A.V.E.R.S.* de vida en tan solo seis minutos diarios. Aunque seis minutos de rutina no es la duración que recomendaría para todos los días, aquellas mañanas en las que dispongas de poco tiempo, haz todos los *S.A.V.E.R.S.* durante un minuto cada uno:

Minuto uno (Silencio): cierra los ojos y disfruta de un momento de silencio pacífico e intencional con el fin de aclarar tu mente y centrarte para el resto de tu día.

Minuto dos (Afirmación): lee tu afirmación más importante para reforzar *cuál* es el resultado que quieres lograr, por qué es importante para ti, *cuáles* acciones específicas debes realizar, y, por sobre todo, exactamente, *cuándo* te comprometes a realizar esas acciones.

Minuto tres (Visualización): visualízate realizando a la perfección la acción más importante que quieres y así estarás ensayando en tu mente durante el día.

Minuto cuatro (Ejercicio): ponte de pie y realiza algunos saltos de tijera, tírate al piso y haz algunas flexiones y abdominales para aumentar tu ritmo cardiaco e involucrar a tu cuerpo.

Minuto cinco (Lee): toma el libro que estás leyendo y lee aunque sea una página o un párrafo.

Minuto seis (Escribe): toma tu diario y escribe una razón para estar agradecido y el resultado más importante que debes generar ese día.

Estoy seguro de que verás cómo, incluso en seis minutos, los *S.A.V.E.R.S.* te ayudarán a definir tu recorrido del día mientras les dedicas más tiempo durante el transcurso de la jornada, cuando tu horario así lo permita o cuando la oportunidad se presente. Hacer la práctica de seis minutos es una excelente manera de iniciar un minihábito para desarrollar tu confianza o una muy buena manera de practicarlo cuando tengas una mañana difícil. Otro minihábito fácil de adquirir es comenzar con uno de los *S.A.V.E.R.S.* de vida y cuando te hayas acostumbrado a levantarte más temprano, añadir más de los otros. Recuerda que la meta es tener tiempo para trabajar en tus metas personales y en tu mentalidad de modo que, si estás abrumado, esta rutina no obre en tu contra.

En lo personal, mi rutina de la mañana ha llegado a convertirse en un ritual diario de renovación e inspiración que ¡me encanta! En los próximos capítulos me referiré un poco más a los beneficios de los *S.A.V.E.R.S.* de vida y te daré *mucha* información con el potencial para convertirte en un emprendedor verdaderamente seguro de ti mismo. ¡No veo la hora en compartírtela!

Perfil de emprendedor

Yanik Silver

La compañía de Yanik Silver es EvolvedEnterprise.com.

Sus mayores logros en los negocios son:

La primera idea millonaria de Yanik vino a él en la mañana, a las 3:00 a.m., para ser exactos.

- Yanik usó lo que tenía a la mano para crear desde ceros siete productos y servicios hasta alcanzar una ganancia de 7 cifras sin necesidad de financiación, sin deudas y si ni siquiera un plan de negocios real.
- Él cree en el principio de devolver y, por esa razón, sus compañías han aportado más de $3.5 millones de dólares a causas de emprendimiento y a sociedades sin fines de lucro.
- También ha liderado programas con personajes icónicos tales como Sir Richard Branson, Tony Hawk, Chris Blackwell, John Paul DeJoria, Tony Hsieh, Russell Simmons, y Tim Ferriss.
- Fue invitado a servir en la junta directiva de la entidad sin fines de lucro de Richard Branson, Virgin Unite.

Cada mañana, su rutina consiste en:

- La mañana de Yanik comienza alrededor de las 8:30 a.m. Toma ocho onzas de agua con un limón recién exprimido y hace yoga durante 30 minutos en la terraza trasera de su casa.
- Luego, medita durante 20 minutos.
- Yanik escribe en su diario durante 10 a 15 minutos, concentrándose en ser agradecido o en ideas que haya tenido durante su tiempo de meditación.
- Después, escucha música mientras desayuna.
- Además, consume miel producida localmente, así como polen de abejas y otros suplementos.
- Luego, lee durante 15 a 30 minutos, por lo general, algo inspirador o sobre cosmología.
- Por último, revisa su correo electrónico y luego escribe, crea algún tipo de contenido o asiste a reuniones.

Sección II

Las destrezas de crecimiento del emprendedor

— 4 —
Destreza #1
Autoliderazgo

"Tu nivel de éxito rara vez será mayor a tu nivel de desarrollo personal, porque el éxito es el resultado que logras siendo la persona en la que te has convertido".
—Jim Rohn

Nos han mentido. Así es. La sociedad nos ha condicionado para que pensemos que solo hay una manera de tener más y es haciendo más. ¿Quieres más dinero? Trabaja más duro. Invierte *más* horas.

¿Quieres más sexo? Levanta *más* pesas y registra *más* pasos en tu plan de seguimiento de tu estado físico.

¿Quieres más amor? Haz por tu pareja *más* de lo que tu pareja hace por ti.

Pero ¿qué si el secreto real para tener más de lo que deseamos no consiste en hacer más, sino en *llegar a ser* más?

Esta filosofía es la que dio a luz a *La mañana milagrosa* y sigue siendo su cimiento: el nivel de éxito en *cada área de la vida* siempre está determinado por los niveles de *desarrollo personal* que alcancemos (por ejemplo, las creencias, el conocimiento, la inteligencia emocional, las habilidades, las destrezas, la fe, etc.). Así que, si deseamos tener más, primero debemos convertirnos en más.

Piénsalo de esta manera: si en una escala de 1 a 10 midieras el nivel de éxito que deseas tener en cada área de tu vida, se podría decir que deseas un 10 en cada área. No he conocido a nadie que diga: "No, no quiero ser demasiado feliz, demasiado saludable, ni demasiado rico. Estoy contento con aspirar a menos de mi potencial y solo pretendo avanzar hacia una vida de nivel 5".

Entonces, la pregunta es: ¿qué vas a hacer cada día para asegurarte de llegar a ser un triunfador de nivel 10, de tal forma que tengas garantizado el éxito del nivel 10?

En otras palabras, es mucho más importante en *quién* te estás convirtiendo que lo que estás haciendo, sin embargo, la ironía es que lo que hagas a diario determina en quién te conviertes.

Por fortuna, ya has dado inicio a tu rutina de la mañana y estás comenzando tus días con los *S.A.V.E.R.S.* de vida o, por lo menos, con algunos de ellos. La diferencia en este punto es que es mucho más importante en lo que te estés convirtiendo que lo que estés haciendo. Sin embargo, la ironía es que, lo que hagas a diario, determinará en quién te estás convirtiendo.

Siendo yo también un emprendedor, sé que tú sabes lo difícil que es (léase: imposible) convencer a otros si tú mismo no estás convencido.

Tu función como emprendedor es encontrar personas que se beneficien con los productos y servicios que ofreces. Si no crees que estos son de gran utilidad para tus posibles clientes, será imposible convencerlos para que compren lo que les ofrezcas. Además, necesitas construir un equipo de trabajo que, al igual que tú, crea en lo que ofreces y a través de ellos lograr tu meta de desarrollar tu empresa.

Como verás, en ti está la responsabilidad de llevar a tus clientes potenciales a tomar las mejores decisiones de compra para ellos, guiándolos a través de todas sus posibles opciones. Y así como es imposible vender algo si tú mismo no crees en lo que vendes, también es imposible liderar a otros si no sabes cómo autoliderarte con eficacia.

Andrew Bryant, fundador de Self-Leadership International, lo resumió de esta manera: "Autoliderarte es la práctica de influenciar de manera intencional tu manera de pensar, tus sentimientos y comportamientos para alcanzar tu(s) objetivo(s)... Es desarrollar el sentido de quién eres, de qué eres capaz de hacer y hacia dónde te diriges, junto con la habilidad de influir mediante tu estilo de comunicación, tus emociones y tus comportamientos a medida que avanzas hacia la meta".

Antes de presentar los principios claves del autoliderazgo, quiero compartir contigo lo que he ido descubriendo respecto al papel crítico que juega la *mentalidad* como cimiento del autoliderazgo efectivo. Tus creencias pasadas, tu autoimagen y la habilidad para colaborar y contar con otros en momentos críticos influirán en tu capacidad de sobresalir como tu propio líder.

Sé consciente y escéptico frente a tus limitaciones autoimpuestas

Quizá, te estés aferrando a creencias limitantes que están interfiriendo de manera inconsciente en tu capacidad de alcanzar tus metas de emprendimiento.

Por ejemplo, tal vez, eres de los que repiten: "Quisiera estar más motivado", "Me gustaría mejorar mi capacidad para encontrar gente interesante". Pues, déjame decirte que la realidad es que tú eres más que capaz de generar toda la motivación que quieras y de llenar tu calendario de citas. Si te ves a ti mismo como un individuo menos que capaz, estás asumiendo la posibilidad de un fracaso inminente y frustrando tu capacidad de triunfar. La vida ya está llena de suficientes obstáculos ¡y tú no necesitas crear más!

Quienes son efectivos autoliderándose examinan muy bien sus creencias, deciden cuáles son útiles y eliminan las que no.

Cuando te des cuenta que estás pensando o diciendo algo que parezca una creencia limitada, desde "no tengo suficiente tiempo" hasta "nunca podré hacer eso", haz una pausa y convierte esas declaraciones autolimitantes en preguntas de empoderamiento: "Entonces *¿dónde puedo encontrar más tiempo en mi horario? y ¿cómo lograré hacer eso?*".

Este truco te permite aprovechar tu creatividad natural y encontrar una manera de hacer realidad cualquier meta. Cuando estás comprometido, siempre hay una vía para hacer las cosas.

Mírate como alguien mejor de lo que has sido

Como Hal escribió en *La mañana milagrosa*, la mayoría de nosotros sufrimos del Síndrome del Espejo Retrovisor y limitamos los resultados que obtenemos tanto en el presente como en el futuro según lo que fuimos en el pasado. Recuerda que, aunque *hoy estás donde estás como resultado de lo que fuiste, tu destino depende por completo de la persona que elijas ser a partir de ahora*. Esto es muy importante, en especial, para nosotros como emprendedores. Es verdad que, en algún momento, cometeremos errores, pero no dejes que tu sentido de culpabilidad a ese respecto te impida mirar hacia adelante. Aprende de tus errores y mejora para la próxima vez.

Todos los empresarios de éxito —en especial, el 1% superior— en algún punto, eligieron verse a sí mismos mejor que antes. Dejaron de seguir teniendo creencias limitantes basadas en su pasado y comenzaron a formar sus creencias según su potencial ilimitado.

Una de las mejores maneras de hacer esto y conseguir resultados es siguiendo la fórmula de cuatro pasos de las afirmaciones de *La mañana milagrosa* presentadas en el capítulo anterior. Asegúrate de crearlas de tal manera que refuercen lo que quieres al tiempo que recuerdas ese resultado ideal, por qué es importante para ti, qué acciones estás comprometido a emprender y cuándo exactamente te comprometes a emprenderlas.

Busca apoyo activo

He entrenado a cientos de emprendedores para que sepan cómo desarrollar sus compañías, cómo esforzarse en el uso de sus talentos y habilidades natos, cómo enfrentar sus desafíos y debilidades y cómo comprometerse a pedir el apoyo que necesitan. Los que más luchan son aquellos que tienen dificultades, las sufren en silencio, asumen que todo el mundo tiene mejores capacidades que ellos y suelen rehusarse a recibir ayuda y asistencia.

Si esto te describe a ti, entonces lo siguiente te será útil: todos los emprendedores que he conocido tienen un equipo de apoyo, pues saben en qué son buenos y en qué consisten sus carencias, y no solo han aceptado sus vacíos y buscado soluciones, sino que aceptan su humanidad.

Los emprendedores que se lideran a sí mismos saben que necesitan un equipo de apoyo para cumplir con lo que se proponen. Por ejemplo, es posible que necesites respaldo administrativo para poder ocuparte de aquello que haces mejor: ¡hacer crecer tu empresa! También es posible que necesites apoyo para rendirle cuentas a alguien y así superar tu tendencia a la procrastinación. Todos necesitamos apoyo en diferentes áreas de nuestra vida y los grandes que se autolideran entienden esta gran necesidad y la usan para su beneficio.

Por esta razón, trata de vincularte a un grupo local de gente con metas de negocios e intereses similares a los tuyos. Te recomiendo que busques a alguien a quién rendirle cuentas, y, si es posible, también a un entrenador de vida o de negocios que te ayude.

Los cinco principios esenciales del autoliderazgo

El autoliderazgo es una habilidad y, como toda habilidad, se construye cimentada en principios. Para crecer y alcanzar los niveles de éxito que aspiras tener, debes convertirte en el líder de ti mismo y de manera eficaz. En mi caso, mi manera favorita de reducir la curva de aprendizaje a la mitad y disminuir la cantidad de tiempo que toma llegar a hacer parte del 1% superior es adaptando mis circunstancias a los principios, rasgos y comportamientos de los que ya han estado en esa misma situación. Durante mis 25 años de entrenamiento con emprendedores, he conocido a muchos líderes y miles de estrategias efectivas. Los siguientes son los cinco principios que, en mi opinión, tendrán el mayor impacto en tu compromiso de autoliderarte:

1. Asume el 100% de responsabilidad
2. Dale prioridad a tu estado físico y haz que el ejercicio sea agradable
3. Apunta a alcanzar la libertad financiera
4. Sistematiza tu mundo
5. Comprométete en tu proceso de generar resultados

Principio # 1. Asume el 100% de responsabilidad

Esta es la cruda verdad: si tu vida y tu empresa no están donde quieres que estén, la responsabilidad es toda tuya.

Cuanto más pronto asumas esa responsabilidad, más pronto comenzarás a avanzar. El objetivo de establecer esto no es ser rudo. Las personas de éxito rara vez son víctimas. De hecho, una de las razones por las cuales tienen éxito es porque asumen absoluta, total y completa responsabilidad de todos y cada uno de los aspectos de su vida —ya sea a nivel personal o profesional, bueno o malo, respecto a su trabajo o a otras áreas.

Mientras las víctimas suelen desperdiciar su tiempo y energía culpando a otros y quejándose, los que logran sus metas están ocupados generando los resultados y las circunstancias que desean obtener. Mientras los emprendedores mediocres se quejan porque sus clientes potenciales no están comprando por *esta* o *aquella* razón, o culpan a su equipo por su mal desempeño, los emprendedores de éxito asumen el 100% de la responsabilidad por haber encontrado los clientes potenciales correctos, y, más importante aún, por haber adquirido las habilidades necesarias para alcanzar volumen y por hacer que los miembros de su equipo y sus clientes se sientan bien. Están tan ocupados trabajando, que no tienen tiempo para quejarse.

Escuché a Hal establecer una gran diferencia durante una de sus conferencias: "El momento en el que asumes el 100% de la responsabilidad de todo en tu vida es el mismo momento en que tomas el poder para cambiarla. Sin embargo, la gran diferencia está en entender que asumir responsabilidad no es lo mismo que aceptar la *culpa*. Aunque esta última determina quién es el culpable de algo, la responsabilidad determina quién está comprometido a mejorar la situación. Rara vez, importa quién es el culpable. Todo lo que importa es que *tú* estés comprometido a mejorar la situación". Él tiene razón. Es de gran ayuda cuando comienzas a pensar y actuar de manera consecuente, pues, a partir de ese instante, tienes el control de tu vida y de tus resultados.

Cuando te apropias de todo lo que acontece en tu vida, no tienes tiempo para discutir quién es el culpable de lo que salió mal. El juego de las culpas es fácil, pero ya no tiene lugar en tu vida. Buscar razones para explicar por qué no alcanzaste tus metas es asunto de otros, no tuyo. Tú eres de los que se apropian de los resultados —sean buenos o malos— y tú eres quien celebras lo bueno y aprendes de lo supuestamente malo. Cualquiera que sea el resultado, tú siempre puedes elegir cómo reaccionar o responder ante cualquier situación.

Una de las razones por las cuales es muy importante desarrollar esta manera de pensar, es porque estás liderando con el ejemplo. Si siempre buscas un culpable, los miembros de tu equipo lo verán y es bastante probable que no admiren esa actitud. Así como al padre que trata de sacar lo mejor de sus hijos, aquellos a quienes lideras siempre te están mirando y es crucial vivir según los valores que quieres inculcar en todos y cada uno de ellos.

Este es el cambio sicológico que te sugiero que hagas: asume responsabilidad y mayordomía sobre todas tus decisiones, acciones y resultados, comenzando desde ahora. Remplaza las culpas innecesarias por una responsabilidad inquebrantable. Así sea la falla de otra persona, pregúntate qué pudiste haber hecho y, lo que es más importante aún, pregúntate qué harás en el futuro para evitar que eso vuelva a suceder. Aunque es imposible cambiar el pasado, la buena noticia es que sí puedes cambiar todo lo demás.

A partir de ahora, no hay duda de quién está al volante y quién es el responsable de todos tus resultados. Tú haces las llamadas, el seguimiento y decides los resultados que deseas y los obtienes. Tus resultados son 100% tu responsabilidad. ¿Verdad?

Recuerda que no estás en una posición de poder, sino en control y no hay límites en cuanto a lo que eres capaz de lograr.

¿Dónde está tu autodisciplina?

La autodisciplina es la capacidad de obligarte a hacer las cosas que sabes que son de tu mayor interés a largo plazo. En muchos casos, la autodisciplina es, sencillamente, la capacidad de resistirte a la tentación del corto plazo. Cuando la usas con sabiduría y con sentido común, se te convierte en una de las herramientas más importantes para el desarrollo personal y el éxito en el emprendimiento.

La autodisciplina es útil cuando enfrentas adicciones o cualquier tipo de comportamiento incongruente. Mejorará tus relaciones, te ayudará a desarrollar paciencia y tolerancia y es importante para alcanzar el éxito y la felicidad. Imagínate lo que sería tener autodisciplina para enfrentar todo lo que surja en tu camino.

¿Cómo te ayuda la autodisciplina? Permíteme decirte cómo...

- Te mantiene al margen de comportamientos autodestructivos, adictivos, obsesivos y compulsivos.
- Te da sentido de dominio y equilibrio en la vida.
- Te ayuda a mantener bajo control toda clase de respuestas emocionales inapropiadas.
- Elimina tus sentimientos de impotencia y dependencia en los demás.
- Te ayuda a manifestar desapego mental y emocional (algo muy importante para un emprendedor), lo cual contribuye a tu paz mental.
- Te permite controlar tus estados de ánimo y rechazar sentimientos y pensamientos negativos.

- Fortalece tu autoestima, tu autoconfianza, tu fuerza interior, tu dominio propio y tu voluntad propia.
- Te permite asumir la responsabilidad de tu vida.
- Hace de ti un ser humano estable desde el punto de vista emocional.

Cómo desarrollar autodisciplina

1. Primero, identifica las áreas de tu vida en las que necesitas ganar más autodisciplina. ¿En qué aspectos tienes carencias?

   Las posibles áreas podrían ser:
   - Comida
   - Gastos
   - Bebida
   - Trabajo
   - Juegos de azar
   - Fumar
   - Comportamientos obsesivos
   - Procrastinación
   - El amor (sí, para amar se requiere disciplina a largo plazo)

2. Es determinante que identifiques qué emociones están indicando falta de control, tales como ira, insatisfacción, infelicidad, resentimiento, placer o temor.

3. Identifica los pensamientos y creencias que te llevan a tener un comportamiento descontrolado.

4. Varias veces al día, en especial cuando necesites ejercer autodisciplina, repite durante uno o dos minutos una de las siguientes afirmaciones (o crea una más acorde a la situación):
   - Tengo total control de mí mismo.

- Tengo el poder para elegir mis emociones, pensamientos y acciones.
- La autodisciplina me trae fuerza interior y me lleva al éxito.
- Estoy a cargo de mi comportamiento.
- Soy el señor de mi vida.
- La autodisciplina es divertida y agradable.

5. Usa la *V* de tus *S.A.V.E.R.S.* de vida para visualizarte actuando con autodisciplina. Observa en qué área de tu vida sueles actuar con falta de disciplina y visualízate teniendo un comportamiento calmado y con dominio propio.

¿Cómo está tu autoestima?

Tener autoestima es tener respeto por ti mismo. La autoestima saludable o positiva te ayuda a tener la cabeza en alto y a sentirte orgulloso de ti mismo y de tus acciones incluso cuando las cosas no van bien. La autoestima te da el valor para intentar cosas nuevas y el poder que necesitas para creer en ti mismo. Mi éxito ha sido influenciado directamente por mi autoestima y sé a ciencia cierta que una buena autoimagen significa éxito y que la carencia de la misma significará fracaso. Si tu empresa no está creciendo al ritmo que te gustaría, la falta de autoestima puede ser la causa. Maxwell Maltz, autor de *Psycho-Cybernetics*, afirmó al respecto: "La baja autoestima es como conducir por la vida con el freno de mano puesto".

Por lo tanto, es muy importante que te des permiso de sentirte orgulloso de ti mismo. De hecho, voy a darte un secreto que algunos considerarán algo vano: cuando hago algo de lo que me siento orgulloso, a menudo, lo repaso varias veces. Digamos que redacté un correo electrónico para mi equipo o para un cliente potencial, y, en mi opinión, es muy bueno. Entonces, lo leo varias veces y hasta lo guardo para volver a revisarlo en el futuro. Si hago una presentación o grabo un video que salió muy bien, vuelvo a mirarlos no solo para criticarlos, sino también para disfrutar aquellas partes de las que me siento orgulloso. Para mí, hacerlo es similar a hacer afirmaciones. Me recuerdo a mí mismo lo que me gusta de mí. En realidad, es en eso en lo que consiste la autoestima. Sí, necesitamos ser realistas con respecto a nuestras debilidades y siempre debemos procurar mejorar, pero no dudes en sentirte orgulloso de tus fortalezas y gozar al máximo con tus triunfos.

A medida que avances en la lectura de este libro —y te sugiero que lo leas más de una vez—, te recomiendo que vuelvas a mirar las áreas en las que sabes que necesitas mejorar y crecer. Si tu nivel de autoestima se beneficia con algo de impulso, entonces, da los pasos para elevarla. Diseña afirmaciones que te sirvan para aumentarla y desarrollarla con el tiempo. Visualízate actuando con más confianza, elevando tus estándares personales y amándote más. Tu autoestima crecerá conforme a tu visión.

Una autoestima imparable es una herramienta poderosa. Quizá, ya sepas que con una actitud negativa no vas a ninguna parte, ¡ni rápido! Es claro que los emprendedores enfrentan más rechazos que las personas promedio. De hecho, si estás esforzándote por desarrollar tu empresa de la manera correcta, ¡todo el tiempo estás enfrentando rechazo!

Sin la actitud correcta, todo ese rechazo te pasará factura. Es indudable que enfrentarás constantes respuestas negativas y que muchos de tus prospectos no atenderán tus llamadas, así que, para enfrentarte a ese reto todos los días, es necesario tener un nivel de autoestima a prueba de bala.

Principio # 2. Dale prioridad a tu estado físico y haz que el ejercicio sea agradable

En una escala de 1 a 10, ¿dónde clasificarías tu salud y estado físico? ¿Estás en forma? ¿Estás fuerte? ¿Te *sientes* bien la mayor parte del tiempo?

¿Qué dices con respecto a tu nivel de energía durante el día? ¿Tienes más energía de la que sabes que necesitas? ¿Cuentas con la fuerza necesaria para levantarte antes de que suene la alarma y hacer lo que es importante, enfrentar todas las exigencias del día y apagar los incendios inevitables, todo sin tener que luchar para llegar al final del día sintiéndote exhausto y sin aliento?

Ya cubrí el tema del ejercicio en la *E* de los *S.A.V.E.R.S.*, pero sí, volveré a abordarlo en este momento. Es un hecho que tu estado de salud y físico es un factor de suma importancia para tus niveles de energía y tu éxito —en especial, para los emprendedores—. Porque, a diferencia de los empleados, a ti no te pagan según las horas de entrada y salida. Tu pago se basa en la calidad de los resultados que produzcas durante el tiempo que trabajes. Ser emprendedor es, sin duda alguna, un deporte de resistencia. Y como en cualquier deporte, necesitas un suministro extraordinario de energía y estamina.

Por eso, no es ninguna sorpresa que tres de las prioridades de las personas con mejor desempeño incluyan la calidad de lo que comen, de su sueño y de su ejercicio, y tú debes dominar cada una de esas áreas. Ahondaré más en cada uno de estos aspectos en el próximo capítulo al tratar el tema de la ingeniería energética, pero comencemos asegurándonos de que haces ejercicio a diario —y la clave para hacerlo es encontrar actividades físicas que de verdad disfrutes.

Haz que el ejercicio sea agradable. La correlación entre buen estado físico, felicidad y éxito es innegable. No es coincidencia que sea muy raro ver personas de muy alto desempeño que estén fuera de forma. La mayoría de ellas programa e invierte de 30 a 60 minutos de su tiempo diario para ir al gimnasio o salir a correr porque entiende el papel importante que juega el ejercicio diario en su éxito.

Aunque la *E* de los *S.A.V.E.R.S.* se asegura de que vas a comenzar cada día con 5 a 10 minutos de ejercicio, te recomendé hacer el compromiso de dedicar de 30 a 60 minutos adicionales para ejercitarte, por lo menos, de tres a cinco veces por semana. Así, te asegurarás de que tu nivel de estado físico te brinde la energía y la confianza que necesitas para triunfar.

Mejor aún, involucrarte en algún tipo de ejercicio es lo que te da un nivel profundo de disfrute, así eso signifique salir a caminar en medio de la naturaleza, jugar frisby o comprar una bicicleta estática y ponerla frente a tu televisor para así disfrutar de tu episodio favorito de *Breaking Bad* y olvidarte de que estás haciendo ejercicio. O haz lo que hace Hal: a él le encanta el esquí acuático sobre tabla y jugar baloncesto —dos formas excelentes de hacer ejercicio—, así que practica uno de los dos durante los días de trabajo. En las próximas páginas, encontrarás el horario básico de Hal con el fin de que observes cómo hace él para ajustar esas actividades al resto de sus prioridades.

¿Qué actividades físicas disfrutas tanto como para comprometerte a incluirlas en tu horario como parte de tu rutina de ejercicio diario?

Principio # 3. Apunta a alcanzar la libertad financiera

¿Cómo ves tu viaje hacia la libertad financiera? ¿Tu empresa es de alta rentabilidad? ¿Estás ganando significativamente más dinero del que necesitas para sobrevivir cada mes? ¿Eres consistente en cuanto a ahorrar, invertir y donar una porción significativa de tus ingresos? ¿Estás libre de deudas y tienes una gran reserva que te permite capitalizar las oportunidades que surjan en el camino y soportar cualquier tormenta financiera inesperada? ¿Tienes paz para gozar de libertad financiera de tal modo que tus ingresos pasivos actuales superen tus gastos mensuales? De ser así, felicitaciones. Estás entre el pequeño porcentaje de emprendedores que de verdad está prosperando con sus finanzas.

Pero si no es así, no estás solo. La mayoría de las personas tiene menos de $10.000 dólares a su nombre y un promedio de deuda sin seguro de $16.000 dólares. No quiero juzgar si tus finanzas no están todavía donde quieres que estén. Solo voy a señalar de nuevo el no tan obvio principio de emprendimiento #1 y a animarte a asumir el 100% de responsabilidad con respecto a tu situación financiera.

He visto y escuchado todas las razones por las cuales es posible caer en muchas deudas, no ahorrar, ni tener un colchón financiero. Pero en fin, en este momento, nada de eso importa. Sí, el mejor momento para empezar a ahorrar un porcentaje de tus ingresos fue desde hace 5, 10 o incluso 20 años. Pero el siguiente mejor momento es ahora mismo. Ya sea que tengas 29, 40, 60 u 80 años, nunca es demasiado tarde para tomar el control de tus finanzas personales. Encontrarás un impulso increíble de energía cuando te hagas cargo de este aspecto y podrás usar tus ahorros acumulados para crear aún más riquezas porque tendrás dinero para invertir en nuevas oportunidades. Suena bien ¿cierto?

Es muy probable que tu decisión de llegar a ser emprendedor haya sido impulsada en parte por tu deseo de tener libertad financiera, pero, para alcanzarla, se requiere más que eso. He visto *muchos* emprendedores ganar millones de dólares y terminar en la quiebra debido a malas decisiones financieras. Esto se debe a que aprender a hacer dinero es solo la mitad de la batalla. La otra mitad consiste en aprender a *conservarlo* al ahorrar e invertir sabiamente y a generar múltiples fuentes de ingreso, de tal forma que nunca vuelvas a depender de una sola —ese es el siguiente nivel, el cual cubriremos en las próximas páginas.

La libertad financiera no es un estado que se obtiene en un día. Es el resultado de desarrollar *ahora mismo* la mentalidad y los hábitos que te llevarán por el camino que conduce hacia ella.

Los siguientes son cuatro pasos prácticos para que emprendas hoy mismo ese camino:

1. Separa el 10% de tus ingresos para ahorrar e invertir

Esto es obligatorio. De hecho, te recomiendo que comiences tomando el 10% de los fondos que tengas en el banco ahora mismo y lo pongas en una cuenta de ahorros independiente. (Hazlo. Yo esperaré). Haz los ajustes que debas hacer a tu estilo de vida para vivir con el 90% de tus ingresos actuales. Un poco de disciplina y sacrificio logran mucho. Con el tiempo, ese 10% irá creciendo hasta convertirse en un capital disponible interesante. Es así como empezarás a *sentir* lo que serías capaz de lograr en el futuro.

2. Toma otro 10% y dónalo

La mayoría de personas adineradas dona un porcentaje de sus ingresos a causas en las que cree. Hace poco, Warren Buffet donó $2.8 billones de dólares a obras de caridad. "Ganar dinero no avergüenza. Lo que avergüenza es no usarlo para ayudar a otros", dice Jeff Hoffman, el emprendedor en serie responsable en gran medida de financiar Priceline.com y de hacer que esta fuera la compañía que más rápido alcanzo los $10 billones de dólares en ventas.

Pero tú no tienes que esperar a ser tan rico para comenzar esta práctica. Tony Robbins afirmo: "Si no das $1 dólar de $10, nunca darás $1 millón de dólares de $10 millones". ¿No puedes dar el 10% de tus ingresos porque el cheque rebotaría? Comienza con el 5%, el 2% o el 1%. Lo que importa no es la cantidad que ahorres, sino desarrollar la mentalidad de ahorro y crear este hábito que cambiará tu futuro financiero y te ayudará por el resto de la vida. Comienza ya a instruir tu mente inconsciente para que entienda que puede producir ingresos abundantes, que hay más que suficiente a tu disposición y que siempre habrá más en tu camino.

3. Desarrolla constantemente la mentalidad de dinero

Como emprendedor, el dinero es uno de los temas más importantes que debes dominar. Como te imaginarás, existen tanto en internet como en el mercado editorial infinidad de libros con respecto a este tema. Todo es cuestión de investigar al respecto y comenzar a añadir a tu lista de lecturas los artículos, informes y libros, bien sea en audio o en físico, que cubran los múltiples aspectos que es necesario aprender y tener en cuenta para alcanzar la libertad financiera. Programa tu mente para ser exitoso también en el aspecto financiero.

4. Diversifica tus fuentes de ingresos

Ya sea que seas un emprendedor en serie, un director ejecutivo, un contratista independiente o que todavía sigas trabajando en un empleo de 9:00 a.m a 5:00 p.m y soñando con más, tú también valoras la seguridad financiera del presente y deseas tener libertad financiera en el futuro más cercano posible. Crear una o más fuentes de ingresos ya no es un lujo. Es un hecho que, en la impredecible economía de hoy, este anhelo ha pasado a convertirse en una necesidad.

Diversificar tus fuentes de ingresos, también conocido como crear múltiples flujos de ingresos, es una de las mejores decisiones que podrías tomar. No solo es crucial para protegerte contra los inevitables altibajos de los ciclos económicos, sino también para establecer toda una vida de independencia financiera. Debido a los riesgos financieros que trae consigo el hecho de depender de *una sola* fuente de ingresos, como un empleo o incluso una empresa, es muy recomendable que comiences a concentrarte en crear, como mínimo, una o más fuentes adicionales para generar flujo de efectivo.

A los 25 años, Hal comenzó a planear su estrategia de salida para dejar una lucrativa y sobresaliente carrera en ventas con el fin de ir tras su sueño de llegar a ser un emprendedor de tiempo completo. Mientras conservaba tanto su posición en el campo de las ventas como los ingresos que generaba de ellas, Hal comenzó su primera empresa y su primer flujo adicional de ingresos. Ofrecía entrenamientos en ventas tanto para representantes de ventas individuales, como para equipos de ventas. En el 2008, cuando la economía colapsó, sus ingresos dependían casi solo de su empresa de entrenamiento. Y cuando más de la mitad de sus clientes no pudo pagar su entrenamiento y perdió un gran parte de sus entradas, Hal juró que nunca volvería a depender de una sola fuente de ingresos.

Desde entonces, año tras año, usando la siguiente fórmula práctica, Hal ha ido añadiendo nueve fuentes adicionales de ingresos importantes. Estas incluyen programas de entrenamiento privado y para grupos, escribir libros, hacer conferencias, discursos de apertura, programas en audio por internet, publicaciones en el exterior, franquicias y la publicación de libros en la serie de *La mañana milagrosa*, ingresos de afiliaciones y presentaciones de eventos en vivo.

Tus fuentes de ingresos adicionales pueden ser pasivas, activas o una combinación de las dos. En algunos casos, te pagarán por hacer un trabajo que te encante (ingresos activos) mientras que otras fuentes te proporcionarán ingresos sin tener que hacer mucho (ingresos pasivos). Procura diversificar tus fuentes de ingresos entre múltiples industrias para protegerte contra grandes pérdidas durante recesiones en un mercado específico y beneficiarte de alzas en otros campos.

Aunque el método de Hal —mencionado antes y presentado más adelante— para crear múltiples fuentes de ingresos es solo uno de los muchos modelos que podrías abordar (también podrías comprar bienes raíces, aprovechar el mercado de acciones, abrir tiendas físicas, etc.), los siguientes pasos (4.1 - 4.8) te brindan un proceso práctico y directo para ayudarte a comenzar a desarrollar algunas otras ideas e implementarlas de inmediato.

Lo importante es que hagas que la diversificación de tus fuentes de ingresos sea una prioridad. Organiza bloques de tiempo en tu horario —una hora al día, un día a la semana o algunas horas cada sábado— de modo que logres establecer fuentes adicionales de ingresos mensuales, las cuales te darán seguridad financiera tanto en el presente como en el futuro. Los siguientes son los ocho pasos que Hal ha implementado una y otra vez. Aplícalos o modifícalos para que se ajusten a tu contexto personal:

4.1 Establece una fuente de seguridad financiera

Este paso no es atractivo, pero es imperativo. Quizá, lo consideres como renunciar a tu responsabilidad. El hecho es que no enfoques tu tiempo y energía en crear una *segunda* fuente de ingresos hasta que tu fuente de ingresos *primaria* sea segura. Ya sea que tengas un empleo regular o tu propia empresa, concéntrate en establecer y asegurar una fuente primaria de ingresos mensuales que sostenga tus gastos antes de buscar dar otros pasos. En otras palabras, no "quemes los barcos", como Cortés, hasta que hayas establecido al menos un bote de remos que te mantenga a flote mientras construyes tu yate.

4.2 Define tu valor único

Cada persona en este planeta tiene dones, habilidades, experiencias y valores únicos que ofrecer de tal manera que les añada valor a los demás y por los cuales puede ser muy bien remunerada. Identifica el conocimiento, la experiencia, las habilidades o las soluciones que tienes a la mano o que puedes crear y en las cuales otros encuentren valor y con gusto te pagarían por ello. Recuerda, lo que para ti es conocimiento común no necesariamente lo es para otros. Las siguientes son algunas maneras mediante las cuales diferenciar tu valor en el mercado.

Primera... *Lo que eres* y tu personalidad única siempre diferenciarán tu valor en comparación con cualquier otra persona sobre la tierra. Gracias a tu personalidad, muchas personas le prestarán mayor atención a tu oferta que a la de otras personas, incluso si la suya es similar o incluso la misma que la tuya.

Segunda... *El conocimiento es el único bien que puedes aumentar relativamente rápido*. A este respecto, Tony Robbins escribió en *Money: Master the Game*: "Una razón por la cual las personas triunfan es porque tienen conocimientos que otras no tienen. Le pagas a tu abogado o a tu médico por el conocimiento y las habilidades que tú no tienes".

Así que, aumentar tu conocimiento en un área específica es una manera efectiva de incrementar el valor de lo que muchos estarían dispuestos a pagarte, ya sea por enseñarles lo que sabes o por aplicar tus conocimientos en beneficio de ellos.

Tercera... *Tu forma de presentar tus conocimientos* es tu manera de diferenciar tu valor. Cuando Hal escribió *La mañana milagrosa* tuvo que superar la inseguridad respecto al hecho de que levantarse temprano no era algo que él se estaba inventando. Es apenas obvio pensar que él se preguntaba si habría un mercado para ese libro, pero, como cientos de miles de lectores lo han manifestado, lo que llevó al libro a tener tanto impacto fue la manera en la que él presentó la información. Fue simple y proponía un proceso práctico que hacía posible que cualquiera de sus lectores mejorara de manera significativa el área de su vida que quisiera con solo cambiar su manera de iniciar el día. ¿Cómo hacer para darle forma o presentar tu oferta de tal manera que atraigas a los prospectos que quieres alcanzar?

4.3 Identifica tu público objetivo

¿A quiénes puedes servir mejor con tus habilidades? Con su trasfondo como representante de ventas con récords y reconocimientos, Hal decidió que estaba mejor capacitado para servirles a sus colegas representantes de ventas, así que lanzó su primer programa de entrenamiento. Ahora, le sirve a una audiencia mucho más grande en todo el mundo por medio de la serie de libros de *La mañana milagrosa* y de los eventos *Best Year Ever Blueprint* en vivo; además, entrena tanto a autores que están publicando por primera vez como a otros ya establecidos que desean flujos de ingresos de siete cifras con sus libros y con los negocios adicionales que surjan de sus publicaciones.

Según sea el valor que les añadas a otros, o los problemas que les ayudes a resolver, ¿quiénes estarían dispuestos a pagarte por el valor que estás dispuesto a añadirles, la solución que vas a proporcionarles o los resultados que les ayudarás a generar?

4.4 Construye una comunidad autosostenible

Un punto decisivo en la vida financiera de Hal se dio cuando escuchó al multimillonario que salió adelante por sí mismo, Dan Kennedy, explicar por qué razón uno de los activos más valiosos que tienes como emprendedor es tu lista de contactos en el correo electrónico. Así que, concéntrate siempre en hacer que esa lista crezca. En ese momento, fuera de su lista de familiares y amigos, la lista de contactos de Hal era inexistente. Sin embargo, la convirtió en una de sus prioridades.

Después de 10 años, además de seguir el consejo de Dan y hacer crecer su lista de contactos de correo electrónico a más de 100.000 suscriptores leales, Hal dio un paso más al lanzar una de las comunidades en línea más crecientes y comprometidas del mundo. *La comunidad de La mañana milagrosa* en Facebook se ha convertido en un caso de estudio, teniendo en la actualidad más de 55.000 miembros de más de 70 países y con un crecimiento exponencial diario. Para Hal no es realista pensar en interactuar por sí mismo con tantas personas, pero tampoco se apoya en que su equipo lo hará. En lugar de ello, mediante prueba y error, identificó cómo automatizar tanto el crecimiento de la comunidad, al punto de atraer a más de 3.000 miembros nuevos cada mes a través de la interacción entre los miembros ya existentes, de tal forma que la comunidad pueda autosostenerse.

Los siguientes son algunos consejos de Hal para la creación de una comunidad autosostenible.

Primero… *Elige tu plataforma.* Aunque es importante concentrarte en hacer crecer tu lista de contactos en el correo electrónico y comunicarte personalmente con tu comunidad, también es importante que establezcas una plataforma por medio de la cual no solo puedas añadir valor de manera consistente, sino que también los miembros de tu comunidad tengan la opción de comunicarse entre sí y añadirse valor unos a otros. Aunque es posible facilitarlo por medio de una plataforma de membresía como Kjabi (Kjabi.com) o CMNTY (cmnty.com), Hal ha aprendido que usar un grupo de Facebook es ventajoso por algunas razones clave:

- La mayoría de los miembros ya está iniciando sesión en Facebook todos los días.
- La funcionalidad incorporada de los grupos de Facebook permite la autogestión.
- Otras personas que están en Facebook podrían toparse con tu comunidad.
- Los miembros tienen la opción de compartir con facilidad tu contenido así como el de cada uno de ellos.

Segundo… *Invita a otros a tu comunidad.* Quizás, hayas observado en las primeras páginas de este libro la *Invitación especial de Hal*, la cual ha sido una constante en los libros de *La mañana milagrosa*. Este es el principal método que él usa para invitar de manera consistente a otros a que hagan parte del grupo de Facebook. En tu caso, puedes usar una "posdata" en tus correos electrónicos o un botón de acceso directo en tu sitio de internet.

El caso es que, cualquiera que sea el método que elijas, asegúrate de que sea visible para tus clientes fijos y potenciales, y para cualquier otra persona que quisieras tener en tu comunidad.

Tercero… *Invita a tu comunidad a participar.* Comienza dándoles a todos los nuevos miembros instrucciones sencillas que los inviten a interactuar y a añadir valor para los demás miembros. Intenta estas cuatro instrucciones: 1) Crea una entrada nueva que tenga que ver con el área, la meta o el objetivo en los que estés comprometido a mejorar este mes. 2) Deja un comentario positivo, de ánimo o de ayuda en la publicación de otra persona. 3) Mira los videos —si los tienes— [con enlaces a los videos]. 4) Publica a diario en el grupo [con instrucciones claras de qué publicar].

Sin embargo, Hal recomienda que mantengas tu grupo lo más sencillo posible, usando un modelo de PUBLICACIÓN y uno de COMENTARIOS. Solo pídeles a los nuevos miembros que *publiquen* algo que sea relevante para ellos y para la comunidad, y que comenten las publicaciones de otros miembros del grupo. Este formato crea un flujo consistente de nuevas publicaciones e interacción mediante las publicaciones de cada participante.

Un ejemplo de una comunidad en línea con mucha participación es el grupo de Facebook de Mastermind Talks Alumni, de Jayson Gaignard, el cual es exclusivo para personas que hayan asistido a su evento de charlas de Mastermind (que es justo donde Hal y yo nos conocimos). Jason guía la participación de los miembros con un modelo sencillo: PEDIR y DAR. Tu pides algo (consejo, opiniones, una presentación, etc.) o das algo (conocimientos, recursos, entradas a conferencias, etc.). Este formato ha creado una comunidad muy comprometida y autosostenible donde los miembros proveen apoyo mutuo y constante.

Cuarto... *Añade valor de manera consistente.* El hecho de que tu comunidad y su compromiso con el grupo no sean autosostenibles no significa que debas desligarte de ella. De hecho, cuanto más comprometido estés, mejor. Es tan simple como compartir con ella recursos valiosos o tu propio contenido. Cada miércoles, Hal publica en su grupo su programa en audio semanal y comparte cualquier recurso valioso que haya encontrado. También puedes delegar tu participación según sea apropiado. Como Hal no puede "dar me gusta", ni "comentar" en la publicación de cada persona, también cuenta con la participación de su equipo. Él ha nombrado "embajadores de la comunidad" en varios países, para que interactúen con los miembros de cada uno de esos países.

4.5 Pregúntales a los miembros de tu comunidad cuáles son sus desafíos y deseos

Puedes adivinar y asumir qué es lo que los miembros del grupo quieren y necesitan, invertir tiempo valioso en crearlo y luego esperar a que tu suposición haya sido la correcta, pero recuerda, rara vez, la esperanza es la mejor estrategia.

En lugar de ello, envíales un correo electrónico o crea una entrada en el grupo con un enlace a una encuesta (usa un servicio gratuito como SueveyMonkey o Google Forms). Pregúntales qué desean o en qué necesitan ayuda dentro del área de valor que has identificado. Hazles preguntas abiertas para obtener el más amplio rango de posibilidades o si ya has pensado en lo que podrías ofrecerles, hazles preguntas de elección múltiple.

4.6 Crea una solución

Después de que los miembros de tu comunidad te digan lo que necesitan, tienes una oportunidad de oro para ponerte manos a la obra y crearlo. Tal vez, se trate de un producto físico o digital (un libro, un audio, un video, un programa de entrenamiento por escrito o una aplicación) o de un servicio (cuidado de perros, servicio de niñera, entrenamiento, consultoría, conferencias o entrenamiento).

4.7 Planea el lanzamiento

Observa cómo Apple presenta sus productos. La compañía no solo pone un producto en el mostrador o en su página de internet. No, ellos hacen que sea todo un evento. Apple crea expectativa durante los meses previos, a tal punto, que las personas están dispuestas a acampar semanas enteras frente a las tiendas para ser las primeras en la fila. Busca tú también maneras de presentar tus servicios y productos de las maneras más originales y productivas.

4.8 Asesórate de un mentor

Dependiendo de tu nivel de experiencia, sería bueno que este fuera tu *primer* paso. Como sabrás, uno de los métodos más efectivos para reducir tu curva de aprendizaje y maximizar tu velocidad para alcanzar un resultado deseado es a través de alguien que ya haya alcanzado ese mismo resultado y luego modelar su estrategia. En lugar de tratar de descifrarlo por tu cuenta, asesórate de alguien que ya haya logrado lo que tú deseas lograr, determina cómo lo hizo, observa y aprende su método y, de ser necesario, modifícalo para que se adapte a tus necesidades.

Aunque tienes la opción de tener contacto bien sea presencial o virtual con un mentor, también podrías asesorarte leyendo un libro como este, que es tan provechoso para obtener sabiduría como tener un mentor.

Últimas ideas... Ya sea que sigas estos pasos, crees una nueva empresa o inicies comprando propiedades de inversión, programa tiempo para comenzar a añadir y desarrollar otra fuente de ingresos. Verás que, en pocos meses, estarás disfrutando de los beneficios y las ventajas de la seguridad financiera, así como de paz mental y de la libertad que provienen como resultado de tener múltiples fuentes de ingresos. En un lapso de dos años, desearás haber comenzado hoy. No esperes a desearlo más tarde. Comienza ahora.

Principio # 4. Sistematiza tu mundo

De los Capítulos 7 al 10, profundizaré en las estrategias y sistemas que, en mi opinión, son más útiles para ti como emprendedor. Sin embargo, no quiero hacer suposiciones en este punto, así que prefiero comenzar con lo básico. Las personas que son efectivas en liderarse a sí mismas tienen sistemas para casi todo. Desde las actividades de negocios (tales como organización de horarios, seguimientos, ingreso de órdenes e incluso para mostrarles aprecio a sus clientes y miembros del equipo) hasta las actividades personales (tales como hábitos de sueño, alimentación, administración de finanzas, viajes y responsabilidades familiares). Los sistemas te facilitan la vida, haciendo que siempre estés listo para desempeñarte bien y que sea más fácil delegarle tus tareas a un asistente o miembro del equipo.

Las siguientes son algunas prácticas que puedes implementar de inmediato para comenzar a sistematizar tu mundo:

1. Establece un horario básico

No hay duda de que uno de los aspectos más atractivos del emprendimiento es la posibilidad que nos brinda para disfrutar de *libertad*. Esta es una de las principales razones por las cuales muchos quieren convertirse en emprendedores —por la autonomía que tienen para hacer lo que desean y cuando lo desean, así como para adquirir altos ingresos como resultado de su arduo trabajo y del excelente manejo que le dan a su tiempo—. Sin embargo, una consecuencia de la libertad y de las múltiples opciones de trabajo que hay disponibles en la actualidad es que no todos los emprendedores saben bien cómo administrar estas maravillas. Y como resultado, su enfoque, productividad e ingresos se ven afectados debido al estilo de vida que llevan. Gastan muchos días saltando de una tarea a otra y, casi siempre, terminan preguntándose en qué se les fue el tiempo y si hicieron algún progreso importante —si es que hubo alguno—. ¿Te identificas con esta descripción?

Te compartiré una pauta que transformará tu capacidad de producir resultados consistentes y espectaculares en tu emprendimiento: *necesitas tener un horario básico que le dé estructura e intencionalidad a tus días y semanas*. Un horario básico es una organización predeterminada y recurrente de tu jornada y se compone de bloques de tiempo enfocados, dedicados a tus actividades de mayor prioridad.

Lo sé, lo sé, te volviste emprendedor para alejarte de la estructura. Créeme, lo entiendo. Sin embargo, cuanto más afiances tu horario básico haciendo que consista en bloques de tiempo dedicados a proyectos o actividades que harán crecer tu vida de negocios, más libertad estarás creando.

Esto no significa que te esté diciendo que no puedes tener flexibilidad en tu horario. De hecho, te sugiero enfáticamente que *programes* con flexibilidad. Planea en tu calendario suficientes bloques de tiempo disponibles para la familia, la diversión y el descanso. Inclusive, incluye bloques de tiempo para hacer "*lo que quieras*" durante los cuales harás... bueno... lo que quieras. Además, planea teniendo en cuenta la posibilidad de variar algunas cosas.

Lo importante es que tengas días y semanas con un alto nivel de claridad e intención respecto a cómo vas a invertir cada hora del día, así dediques algunas horas a hacer lo que quieras, pero, por lo menos, están dentro de tu planeación. Mantener un horario básico es una muy buena estrategia para maximizar tu productividad, de tal forma que, casi nunca, termines preguntándote a dónde se fue tu tiempo. No se irá a ninguna parte sin que tú hayas hecho una decisión consciente, porque serás intencional con cada minuto de tu jornada.

La pedí a Hal que compartiera su horario básico semanal para que tengas un ejemplo sobre cómo hacer el tuyo. Aunque Hal goza del lujo de la libertad del emprendimiento y no necesita seguir ningún horario predeterminado, te dirá que este horario básico organizado es una de sus claves para asegurarse de aprovechar al máximo cada día. Si tu vida ya tiene una estructura externa, por ejemplo, un trabajo con un horario determinado, mientras desarrollas tu empresa, haz todo lo posible por estructurar también tu tiempo libre y quizás hasta una parte de tu tiempo de trabajo. Algo que notarás respecto a este horario es que cada hora está planeada, ya sea para tener tiempo libre o tiempo de trabajo.

Horario básico de Hal

Hora	Lunes	Martes	Miércoles
4:00 A.M	S.A.V.E.R.S.	S.A.V.E.R.S.	S.A.V.E.R.S.
5:00 A.M	Escribir	Escribir	Escribir
6:00 A.M	Correos electrónicos	Correos electrónicos	Correos electrónicos
7:00 A.M	Llevar a los chicos a la escuela	Llevar a los chicos a la escuela	Llevar a los chicos a la escuela
8:00 A.M	Reunión con personal	Prioridad # 1	Prioridad # 1
9:00 A.M	Prioridad # 1	Esquí acuático	⬇
	⬇	⬇	⬇	⬇
11:00 A.M	Almuerzo	Almuerzo	Almuerzo
12:00 A.M	Baloncesto	Prioridades	Baloncesto
1:00 P.M	Prioridades	Entrevista	Llamadas a clientes
2:00 P.M	Prioridades	Entrevista	Llamadas a clientes
3:00 P.M	Prioridades	Entrevista	Llamadas a clientes
4:00 P.M	Prioridades	Prioridades	Prioridades
5:00 P.M	FAMILIA	FAMILIA	FAMILIA
	⬇	⬇	⬇
10:00 P.M	Dormir	Dormir	Dormir

La mañana milagrosa para emprendedores 117

(Nota: Cada hora está planeada)

Jueves	Viernes	Sábado/Domingo
S.A.V.E.R.S.	S.A.V.E.R.S.	S.A.V.E.R.S.
Escribir	Escribir	Escribir
Correos electrónicos	Correos electrónicos	↓
Llevar a los chicos a la escuela	Llevar a los chicos a la escuela	TIEMPO EN FAMILIA
Prioridad # 1	Prioridad # 1	↓
Esquí acuático	↓	↓
↓	↓	↓
Almuerzo	Almuerzo	↓
Prioridades	Baloncesto	↓
Entrevista	Prioridades	↓
Entrevista	Prioridades	↓
Entrevista	Prioridades	↓
Prioridades	PLANEACIÓN	↓
FAMILIA	Noche de cita	↓
↓	↓	↓
Dormir	:^) ???	Dormir

Ten presente que, como les ocurre a la mayoría de los emprendedores, siempre surgen cosas que hacen que el horario básico de Hal cambie (eventos, compromisos para hacer conferencias, vacaciones, etc.), pero eso es algo temporal. Tan pronto Hal vuelve a casa y está en su oficina, este es el horario que retoma.

Una de las principales razones por las cuales esta técnica es tan efectiva es porque te ayuda a eliminar la montaña rusa emocional que surge como resultado de la toma de decisiones con respecto a tus actividades diarias. ¿Cuántas veces el compromiso de una cita o una reunión salieron mal y afectaron tu estado emocional y tu capacidad de concentración durante el resto del día? Es muy probable que te ocurra más a menudo de lo que te gustaría admitir. Si siguieras un horario básico con el que estuvieras comprometido y en él dijera: "Evento para desarrollo de redes, escribir anuncios o hacer llamadas", entonces tendrías una tarde productiva. Toma el control. No dejes más tu productividad al azar, ni permitas que influencias externas manejen tu tiempo. Planea un horario básico, uno que incluya todo lo que necesitas hacer en tu trabajo, así como tiempo de recreación, familia y diversión, y cumple con todo ello sin importar nada más.

Si ves que necesitas apoyo adicional para asegurarte de cumplir con todo lo que te propones, envíale una copia de tu horario básico a tu compañero de rendición de cuentas y dile que te pida cuentas de tus actividades y resultados. Te aseguro que tu compromiso con este sistema te permitirá tener mucho más control sobre tu productividad y tus resultados.

2. Establece un sistema para preparar tus viajes

Hal y yo somos conferencistas y, por lo general, pasamos mucho tiempo en aviones y hoteles por todo el país y en el exterior compartiendo con otros lo que hemos aprendido. Los dos sabemos por experiencia propia que recordar, recoger y empacar todos lo que necesitamos para cada viaje consume tiempo y es ineficiente e inefectivo porque es común olvidar en casa o en la oficina algo de lo que necesitamos.

Por esta razón, cada uno de nosotros ha organizado con calma una maleta de viaje previamente empacada y así nos asegurarnos de llevar todo lo que sabemos que necesitamos para nuestros viajes. Desde ropa de negocios, medias, ropa interior y un traje de baño, hasta adaptadores de repuesto y cargadores para nuestros celulares y computadoras. También incluimos una variedad de pasabocas saludables y tapones para los oídos (en caso de que nuestros vecinos de habitación en el hotel resulten muy ruidosos). Así, es fácil y práctico salir rápido de viaje, pues la maleta ya contiene todo lo que se necesita para hacer negocios a medida que uno va de un lado a otro.

Si no eres un viajero de negocios frecuente, aun así es muy conveniente usar diversos sistemas para hacer que tu día fluya con menos inconvenientes, por ejemplo, empaca tu almuerzo, tu maleta del gimnasio o tu morral en la noche, antes de ir a la cama; mantén listo y a la mano un paquete con libros, plegables, catálogos y otros artículos de los que sabes que necesitas para tu empresa cuando no estés en tu oficina. ¿En dónde más podrías incorporar un sistema que te facilite ese tipo de actividades que haces con frecuencia, de modo que te asegures de estar siempre preparado sin tener que invertir energía mental todas las veces?

3. Sistematiza tu rendición de cuentas

El vínculo que existe entre el éxito y la rendición de cuentas es irrefutable. Casi todos los triunfadores, desde directores ejecutivos y atletas profesionales hasta el presidente de los Estados Unidos, adoptan un alto grado de rendición de cuentas. Esa práctica les da el apalancamiento que necesitan para tomar acciones y crear resultados, incluso cuando no tienen el deseo de hacerlo. Sin ese apalancamiento, más atletas faltarían a entrenamientos y los directores ejecutivos pasarían más horas del día entretenidos con sus teléfonos.

Rendir cuentas es el acto de ser responsable ante otra persona respecto a una acción o resultado. En este mundo, o en tu vida, pocas cosas suceden sin que haya alguna manera de rendir cuentas. Casi todo resultado positivo que tú y yo alcanzamos desde nuestro nacimiento hasta la edad de 18 años fue gracias a que tuvimos que rendir cuentas ante los adultos que hacían parte de nuestra vida (padres, maestros, entrenadores etc.). Nos comíamos nuestras verduras, hacíamos la tarea, nos cepillábamos los dientes, nos bañábamos y nos acostábamos a una hora razonable. ¡Si no fuera por la rendición de cuentas que tuvimos que realizar ante nuestros padres y maestros, habríamos sido unos niños sin educación, malnutridos, con falta de sueño y sucios! Una manera excelente de replantear este hábito ¿cierto?

Rendir cuentas le da orden a nuestra vida y nos permite progresar, mejorar y alcanzar resultados que de otra forma no lograríamos. Sin embargo, hay un problema: rendir cuentas nunca fue una responsabilidad que ni tú ni yo pedimos que nos dieran, pero que tuvimos que soportar siendo niños, adolescentes y adultos jóvenes. Como los adultos nos la impusieron, la mayoría de nosotros, sin darse cuenta, creció con cierta resistencia y con resentimiento hacia darles cuentas de nuestros actos a otros. Luego, a medida que crecimos y llegamos a la adultez, nos adueñamos de cada aspecto de la libertad que pudimos, evitando así el hecho de tener que rendir cuentas como si eso fuera una plaga, perpetuando un espiral en caída hacia la mediocridad y desarrollando mentalidades y hábitos perjudiciales que, difícilmente, son una fórmula para el éxito.

Ahora que todos hemos crecido y estamos esforzándonos por alcanzar niveles aún más altos de éxito y plenitud, debemos responsabilizarnos de iniciar nuestros propios sistemas de rendición de cuentas (o volver a vivir con nuestros padres). Tu sistema de rendición de cuentas puede ser a través de un entrenador profesional, un mentor, un buen amigo o algún familiar.

Rendir cuentas te ayuda en tu concentración. No te permite salir con excusas que te dirás a ti mismo porque has hecho un compromiso con tus metas y con otra persona. Para mí, como emprendedor, una manera de crear un sistema de rendición de cuentas es dándole a conocer mis tres metas diarias principales a otro empresario. Para esto, uso una aplicación gratuita llamada CommitTo3. Cada mañana, por medio de esta aplicación, intercambio la lista de mis tres metas de negocios con mi amigo Joe Polish, el fundador de Genius Network. Juntos hacemos que cada uno de los dos sepa lo que el otro quiere haber hecho al final del día. En cuanto a mis metas personales, también hago lo mismo con otro amigo, Gordie Bufton. Saber que debo dar cuentas de estas tres metas al final del día, o tener que admitir delante de mis amigos que no las logré, impide que me desvíe del camino.

4. Automatiza el sentimiento de aprecio

Si me has visto en conferencias o has leído mi blog, quizá ya hayas oído la historia del "alucinante abridor de puertas". En caso de que no la hayas escuchado, prepárate para asombrarte o, por lo menos, para escuchar cómo quedé de asombrado ante esto que me ocurrió.

Hace seis años, me encontraba dando una conferencia durante el Aniversario #20 de Entrepreneurs Organization (EO) en Las Vegas. Es normal que las personas se me acerquen después de la charla para saludarme, hacerme preguntas o pedirme mi información de contacto. No me toma demasiado tiempo y, por lo general, no son más que unos pocos segundos de interacción. Pero en esta ocasión, fue diferente.

John Ruhlin, un joven miembro de la organización de emprendedores que nunca antes había visto, inició su conversación conmigo y me preguntó si la próxima semana viajaría a Cleveland para participar en una reunión de EO y, si ese era el caso, quería saber cuáles eran mis planes para la noche previa al compromiso. Le dije que sí iba a ir a su ciudad y que me encantaría aprovechar la oportunidad para ir de compras a mi tienda favorita, Brooks Brothers.

Así las cosas, hicimos planes para cenar y ver un juego de baloncesto de los Cavs después de hacer mis compras. Invitar a alguien a cenar y a ver un evento deportivo es un gesto genial en los negocios, pero no significa mayor cosa, ni es algo fuera de lo común, ¿correcto?

Bien, ese día resultó ser toda una pesadilla de viaje. Por múltiples retrasos, tuve que rogar que me permitieran tomar un vuelo que estaba a punto de despegar, así que le envié un mensaje de texto a John diciéndole que iba a llegar cinco horas más tarde de lo esperado y que entendía si él prefería cancelar nuestra cita. Sin embargo, John me reconfirmó de manera muy casual que no había problema y que estaría esperándome en el bar de mi hotel. Me dijo que me registrara, llevara mis maletas a la habitación y bajara ya refrescado y dispuesto para una gran noche. Por mi parte, pensé que si ya no podía ir de compras, todavía tenía la oportunidad de disfrutar de una gran cena y ver algunas jugadas de LeBron James. Al fin de cuentas, no era una mala manera de pasar una noche en Cleveland. Eso es lo que yo esperaba...

Llegué al hotel y cuando entré a mi habitación quedé asombrado. Por todos lados había colgadas docenas de chaquetas de traje, pantalones y suéteres. No se trataba de cualquier tipo de ropa, sino de *Brooks Brothers*. Toda mi habitación parecía como si hubiese entrado a la tienda misma. Y todo era de mi talla.

Al instante, entendí como si una tonelada de ladrillos me hubiese caído encima. Esa semana, John, el chico de la organización de emprendedores, me había preguntado cuál era mi talla para así enviarme la camiseta de su compañía.

John había organizado esta asombrosa y abrumadora experiencia de servicio —lo que él denomina aprecio estratégico— y eso que todavía no había llegado la hora de la cena. Tomé tantas fotografías como pude con mi teléfono y se las envié a mi esposa. Entonces, entendí que debía llamar a John DiJulius para cambiar el ejemplo que le había dado para su libro en cuanto a servicio al cliente.

Cuando llegué al bar, John me miró con una sonrisa y me preguntó: "¿Disfrutaste tu tienda Brooks Brothers?".

Durante la cena, así como durante el juego, John me explicó que la estrategia de dar regalos de muy alta calidad le ayuda a obtener reuniones con directores ejecutivos y a mantener excelentes relaciones con sus mejores clientes. Incluso escribió un libro con respecto al tema: *Giftology: The Art and Science of Using Gifts to Cut Through the Noise, Increase Referrals, and Strengthen Retention*.

Una de las compañías de John, Ruhlin Group, se especializa en automatizar el sentimiento de aprecio y les envía regalos personalizados de alta calidad a tus clientes, tus clientes potenciales y tus empleados en tu nombre. Además, si quieres crear una conexión con un director ejecutivo, su compañía también se encarga de enviarle un juego de cuchillos Cutco de $500 dólares en cinco empaques consecutivos pidiéndole que *"saque una rebanada de tiempo en su agenda"* para una reunión contigo. Hal y yo usamos los servicios de John y su compañía para automatizar todos nuestros regalos.

Después de la experiencia de Brooks Brothers, y de los asombrosos regalos de Ruhlin Group, me reúno con Ruhlin en cualquier momento, en cualquier lugar y lo refiero con todo el mundo porque me encanta que más y más personas tengan la oportunidad de experimentar de primera mano el magnífico trato de Ruhlin Group.

5. El vestuario es opcional

No, esta parte no se trata de si usar o no ropa, sino de qué tipo de ropa usar. Sugiero que pienses en la posibilidad de seguir los consejos de moda de emprendedores como Steve Jobs y Mark Zuckerberg. Los dos son famosos por usar el mismo estilo de ropa todos los días y por mantener una apariencia sencilla, lo cual les significa una decisión menos que tomar, así esta sea insignificante. Zuckerberg suele llegar al trabajo usando una camiseta o un suéter gris y un jean. Jobs, el ya fallecido director ejecutivo de Apple, era conocido por su característico suéter negro de cuello de tortuga y su jean. Incluso, en algún punto, intentó hacer que toda su compañía usara el mismo uniforme, según lo relata la biografía de Walter Isaacson.

Tucker Max, Director Ejecutivo de Book In A Box, usa a diario el mismo estilo de pantalón corto de marca Lululemon y una camiseta, sin importar dónde se encuentre. Lo he visto pasar al escenario a dar conferencias en diferentes eventos de emprendimiento de alto nivel y su atuendo nunca cambia.

Así mismo, Hal tiene 23 camisetas negras de cuello en V, que casi siempre combina con pantalones Lululemon.

Entonces ¿cuál es el punto? Es claro que estos emprendedores tienes cómo darse el lujo de tener una amplia variedad de ropa. Pero ellos entienden que todos tenemos un poder cerebral limitado y que las investigaciones más recientes han demostrado que este se agota con cada decisión que tomamos a lo largo del día. (¿Recuerdas lo que mencioné acerca de la disminución del ego en la tarde?) Así que, cuanto más logres sistematizar tu mundo y menos sean las decisiones que debas tomar, más poder cerebral tendrás a tu disposición para tomar las decisiones que en verdad importan.

Te he compartido cinco ideas sólidas para ayudarte a sistematizar tu vida. ¿Pero hacia dónde te diriges a partir de este punto? Sabrás que necesitas un sistema cuando enfrentes un desafío recurrente o veas que estás perdiendo oportunidades porque no estás preparado. Dicho en otras palabras, necesitas un sistema en cada área donde sientas que estás fallando constantemente o experimentando estrés. Cuanto más implementes tus sistemas, menos tendrás que pensar y podrás hacer más. En los próximos capítulos, cubriremos más a fondo las maneras de sistematizar tu mundo, incluyendo cómo apalancarte tú mismo con un director de operaciones.

Principio # 5. Comprométete en tu proceso de generar resultados

Si hay un secreto no tan obvio para tener éxito en los negocios, es este: aclara, calcula, y comprométete en tu proceso de generar resultados, pero sin *apegarte emocionalmente a ellos.*

Cada resultado que deseas obtener, desde mejorar tu físico hasta desarrollar tu empresa, está precedido de un proceso necesario y responsable de producir los resultados que deseas.

Cuando aclaras, calculas y te comprometes con tu proceso de generación de resultados, y tu compromiso es por un periodo extenso, los resultados se encargan de sí mismos. Mientras estés comprometido a largo plazo en tu proceso, no es necesario que te estreses, ni te preocupes por cómo van tu día, tu semana, tu mes o incluso tu año —por lo pronto, lo importante es que ya estás comprometido en tu proceso y que la Ley de los Promedios siempre funciona.

Sin embargo, como seres humanos, es natural que tengamos un apego emocional hacia nuestros resultados. Como emprendedores, en muchas ocasiones, dejamos que un mal día de llamadas, un mal lanzamiento de un producto, el hecho de que un cliente haya cancelado nuestros servicios o cualquier otro resultado menos que óptimo nos desanime. Permitimos que los malos resultados nos hagan sentir mal. Cuando nuestras cifras son bajas, nos sentimos desanimados. Vivimos en medio de la montaña rusa emocional de lo que significa ser emprendedores y nuestro apego emocional a los resultados afecta negativamente nuestro compromiso con el proceso. Pero ¿tiene que ser así? Claro que no.

Hal entendió lo siguiente cuando tenía tan solo 21 años y afirma que gran parte del éxito que alcanzó durante su carrera en ventas, con récords y reconocimientos, se debió a esto. Este también es el principio básico que le permitió liderar a su equipo de ventas al punto de romper el récord de ventas anuales de Cutco convirtiéndose así en el primer equipo de la historia de la compañía en 55 años, capaz de producir más de $2 millones de dólares en tan solo un año. Hal afirma: "Mi gran avance se dio cuando, siendo representante de ventas, entendí que podía predecir y controlar los resultados de mis ventas al aclarar, calcular y comprometerme con el proceso responsable de producir esos resultados.

En primer lugar, aclaré que mi proceso de producción de resultados consistía en contactar por teléfono a clientes potenciales. Sencillo. Luego, basándome en mi promedio, calculé con precisión cuántas llamadas debía hacer a clientes potenciales para alcanzar mis metas de ventas. Así, comprendí que todo lo que debía hacer era un compromiso inamovible de darle cumplimiento a ese promedio predeterminado de llamadas todos los días; de esta manera, la Ley de Promedios se aseguraba de que yo alcanzara mis metas de ventas cada mes, cada trimestre y cada año. Por último, tomé la decisión consciente de desligarme emocionalmente de mis resultados diarios porque estaba concentrado en el panorama en general".

Un mal día de llamadas telefónicas o en el campo... ¿qué importa? Una orden cancelada, un cliente enfadado o incluso la pérdida de un empleado clave... eso no importa en el largo plazo. ¿Por qué estresarse respecto a cómo es un día, una semana o incluso un mes cuando estás comprometido a largo plazo? Espera, ¿tienes un compromiso a largo plazo, verdad? ¡Claro que sí lo tienes!

Pero asegúrate de prestarle atención a la parte crucial de esta estrategia: "Entendí que, cualquier aumento que hiciera en mi proceso, causaría un aumento casi idéntico en mis resultados. Por ejemplo, si duplicaba el número de llamadas que hacía, duplicaría de forma automática mis ventas. Casi que parecía demasiado simple, pero funcionaba como un reloj. Concentrarte en duplicar tus mejores resultados es una realidad que tiende a asustarte, pero sí es fácil aumentar de una a dos horas el tiempo que dediques a llamadas telefónicas todos los días. Esto lo apliqué en la gestión de llamadas diarias de mi equipo de ventas (y ellos eran responsables de hacer seguimiento y presentar informes de esto a nuestro equipo de gerencia) y duplicamos las ventas de toda la organización".

Ya sea que deseen hacerlo o no, los emprendedores que predicen y producen resultados excepcionales de manera consistente conocen sus cifras y toman acciones coherentes para aprovecharlas. En los siguientes capítulos, te daré más perspectivas y dirección para ayudarte a saber hacia dónde concentrar tus esfuerzos. Por ahora, te animo a tomar tiempo para *aclarar, calcular, y comprometerte con tu proceso de generación de resultados*, y a tomar la decisión consciente de hacerlo *sin apegarte emocionalmente a ellos*.

Cómo poner en práctica el autoliderazgo

1. **Asume el 100% de responsabilidad.** Recuerda, el momento en el que asumes la responsabilidad por *todo* en tu vida es el mismo momento en el que asumes el poder para cambiar *cualquier circunstancia* que se te presenta. Tu éxito depende 100% de ti.

2. **Dale prioridad a tu salud y a tu estado físico.** Si en este momento el ejercicio diario no es una de tus mayores prioridades,

haz que así sea. Además de tus ejercicios matutinos, saca el tiempo necesario para hacer ejercicios más extensos, de 30 a 60 minutos, tres a cinco veces por semana. En cuanto a los alimentos que te darán energía adicional, ese tema lo cubriremos en el siguiente capítulo.

3. **Apunta a alcanzar la libertad financiera.** Comienza a desarrollar la mentalidad y los hábitos que, sin duda, te llevarán hacia tu libertad financiera, incluyendo ahorrar como mínimo un 10% de tus ingresos, educarte día a día en el aspecto financiero y diversificar tus fuentes de ingresos.

4. **Sistematiza tu mundo.** Comienza planeando un horario básico y luego identifica qué áreas de tu vida personal o de tu empresa se beneficiarían de los sistemas y horarios con tiempos específicos, de tal forma que, a diario, tu proceso de generación de resultados esté predeterminado y tu éxito esté casi garantizado. Asegúrate de incluir en tu rutina diaria un sistema de rendición de cuentas, ya sea por medio de un colega, un entrenador o a través de tu equipo.

5. **Comprométete con tu proceso de generación de resultados.** Recuerda el secreto no tan obvio de Hal para el éxito: *aclara, calcula, y comprométete con tu proceso sin apegarte emocionalmente a tus resultados*. Haz que tu éxito sea inevitable al mantener un compromiso diario con tu proceso y suelta cualquier apego emocional hacia tus resultados a corto plazo, puesto que es tu compromiso (y el de tu equipo) el que determinará tus ingresos al final del mes, del trimestre y del año.

En este punto espero que hayas captado lo cruciales que son estos cinco principios esenciales para tu éxito como emprendedor. Recuerda que llevar tu empresa al siguiente nivel comienza con subir tú mismo al siguiente nivel. Sucede solo en ese orden.

Ahora, nos concentraremos en cómo diseñar tu vida para crear resultados óptimos y sostenidos en cuanto a tu energía física, mental y emocional, de tal forma que mantengas niveles diarios y extraordinarios de claridad, concentración y acción.

Perfil de emprendedor

Ari Meisel

La compañía de Ari Meisel es Less Doing.

Sus mayores logros en los negocios son:

- Ari es un autor de dos *bestsellers*.
- Lanzó una compañía en 48 horas, la cual fue escalable y rentable desde el primer día y creció un 20% al mes.
- Ari creó un sistema de productividad llamado Less Doing.
- Tony Robbins, Joe Polish, Daymond John, y Jordan Belfort lo han catalogado como un experto de clase mundial en el tema de la productividad.
- Creó una empresa que sostiene su vida, junto con la de su esposa y sus cuatro hijos —y no a la inversa.

Cada mañana, su rutina consiste en:

- Ari se levanta a las 5:15 a.m.
- Revisa sus cuentas de Slack, Trello, Gmail, y Facebook. Muchos recomiendan evitar estas tareas a primera hora en la mañana, pero, para Ari, esta actividad le toma de cinco a ocho minutos y, al hacerlo, pone en movimiento muchas cosas, hecho que le da la energía que necesita cada día. (No vuelve a mirar su teléfono hasta cuando sus hijos salen para la escuela).

- Hace un batido en la mañana y luego hace el desayuno para sus hijos y los lleva a la escuela.
- Para concluir su rutina, hace ejercicio de alto impacto durante 10 minutos, invierte tres horas y media de tiempo en familia y, *luego*, comienza su día laboral.

— 5 —
Destreza #2
Ingeniería energética

"El mundo les pertenece a los enérgicos".
—**Ralph Waldo Emerson**

Como emprendedor, tú vives y mueres por cuenta propia. Como dice el dicho, "comes lo que cazas". Sin embargo, el problema es que no todo depende de ti. Algunos días —y sé que los has tenido—, te levantas y sientes que, en realidad, no tienes la energía o la motivación que necesitas para ir de cacería. En esas circunstancias, mantenerte concentrado en medio de la incertidumbre y la angustia no es tarea fácil. Es cierto que los días buenos requieren de energía, entusiasmo y persistencia. ¿Y los días malos? Bueno, esos requieren de todo eso y más.

Un emprendedor con poca energía sufre mucho. Así, es difícil mantener la motivación. Por lo general, genera su concentración de maneras artificiales, mediante estimulantes como la cafeína —el estimulante favorito del emprendedor—. El hecho es que *el emprendimiento requiere de energía en abundancia*. No hay cómo evitarlo. Así tengas el mejor producto, el equipo de trabajo más asombroso y el mercadeo más efectivo, si no tienes la energía para administrar y hacer funcionar todo esto, terminarás estrellado. Si deseas maximizar tu éxito en los negocios, necesitas e*nergía*, cuanta más, mejor, y cuanto más *consistente* sea, mejor todavía.

- La energía es el combustible que te permite mantener la claridad, el enfoque y la acción necesarios para generar resultados día tras día.
- La energía es contagiosa. Tú eres el que la propaga a tus clientes actuales y potenciales como si fuera un virus benigno, creando síntomas de entusiasmo y respuestas afirmativas por todas partes.
- La energía es una vacuna contra el rechazo y la decepción. Ten suficiente energía y verás que, prácticamente, quedarás inmunizado contra la negatividad.

Entonces, la pregunta clave viene siendo: *¿cómo diseñar de manera estratégica tu vida para mantener un nivel de energía alto y sostenible, disponible cada vez que lo necesitas?*

Cuando lucho contra la falta de energía, logro compensarla con cafeína y otros estimulantes que me funcionan por un tiempo… hasta que colapso. A lo mejor, también te sucede lo mismo. La energía parece disminuir cuando más la necesitas. Al escribir esto, casi puedo escuchar a uno de esos presentadores de infomerciales decirme: "*Pero Cameron, ¡debe haber una mejor manera!*".

Sí la hay…

Si hasta ahora has estado alimentándote a punta de café y determinación pura, lo que esto significa es que ni siquiera has comenzado a desarrollar los niveles de logro posibles cuando te enfocas en diseñar e implementar un estilo de vida que genere un nivel óptimo de energía.

Tus ciclos naturales de energía

Lo primero que debes entender con respecto a la energía es que la meta no es correr a gran velocidad todo el tiempo. No es práctico mantener un rendimiento constante. Los seres humanos tenemos un reflejo y un flujo natural de niveles de energía. Con el emprendimiento ocurre lo mismo. El truco está en conectar o, como mínimo, sincronizar, tus ciclos con el ritmo de tus días de trabajo. Ten claro que, en tiempos particularmente intensos durante la semana, el mes y el año, necesitarás tener a tu disposición pozos más profundos de energía y tomarte el tiempo para descansar, recuperarte y recargarte cuando la intensidad disminuya.

Así como las plantas necesitan agua, nuestras reservas de energía también necesitan ser recargadas con frecuencia. Es posible trabajar a toda marcha durante largos periodos, pero, en algún momento, tu mente, tu cuerpo y tu espíritu necesitarán una recarga. Piensa que tu vida es como un contenedor que almacena energía. Cuando no administras bien lo que hay en ese contenedor, es como si tuvieras una fuga de escape y no importa cuánto pongas en él, aun así, no lograrás retener tu energía, ni sentirte energizado.

Si ya te has resignado a permanecer cansado, de mal humor, atrasado con tu lista de pendientes, fuera de forma e infeliz, tengo muy buenas noticias para ti.

Estar exhausto todo el tiempo no solo no es inaceptable, sino que *no tienes porqué conformarte con nada de eso*. Hay maneras sencillas de obtener lo que necesitas y deseas: más descanso, tiempo para recargar y reponerte, para tener paz interior y felicidad. ¿Tarea difícil? Sí. ¿Imposible? ¡Claro que no!

Se trata de diseñar tu vida de manera estratégica para tener energía óptima y sostenible a nivel físico, mental y emocional. Los siguientes son tres principios básicos que yo sigo para mantener mis reservas de energía a su máxima capacidad con el fin de aprovecharlas siempre que las necesite.

1. Come y bebe para tener energía

Cuando se trata de ingeniería energética, lo que comes y lo que bebes juega el papel más importante de todos. Si eres como la mayoría de las personas, eso significa que eres de los que elijes tus alimentos basándote en tus gustos y después piensas en cuáles son las consecuencias de lo que comiste (si es que piensas en ellas en algún momento). Sin embargo, lo que complace nuestras papilas gustativas en el momento no siempre nos da el máximo de energía para rendir durante todo el día.

No hay nada de malo en comer alimentos que sepan bien, pero, si de verdad quieres tener buena salud y contar con la energía suficiente para desempeñarte como un campeón, aquí tienes una gran idea: es crucial que tomes decisiones conscientes de **darles más valor a la salud y a los efectos que tienen sobre ella los alimentos que consumes, que el valor que le das al sabor**. ¿Por qué? Porque digerir alimentos es uno de los procesos que más consume energía en el cuerpo. ¿Necesitas evidencia? Piensa en lo exhausto que te sientes después de una gran cena, como la cena de Acción de Gracias. No es coincidencia que después de una comida abundante venga la pesadez en los ojos y por último una siesta. No es de extrañar que lo llamen el coma de la comida.

Digerir alimentos como pan, carnes cocinadas, productos lácteos y cualquier comida procesada requiere de más energía que la que estos le aportan a tu cuerpo. Así que, en lugar de darte energía, estos alimentos, que en esencia están "muertos", tienden a consumirla en el proceso de la digestión y te dejan sin ella. Por otra parte, los alimentos "vivos", como frutas, verduras, nueces y semillas crudas suelen darte más energía que la necesaria para su digestión, y, por tal razón, le brindan a tu cuerpo y a tu mente un excedente de energía y la probabilidad de un mejor nivel de desempeño.

Dicho en términos sencillos, todo lo que entra en tu cuerpo aumenta o disminuye tu salud y tu energía. Beber agua significa una marca de visto bueno en tu columna de adiciones; dos tragos de tequila, no. Tener una dieta rica en frutas y verduras frescas también equivale a más adiciones. ¿Usar el servicio de atención al auto para comer comida rápida lo más pronto posible? No mucho. Sé que ya sabes de lo que se trata este asunto, así que nada de esto es difícil de entender, sin embargo, es el área más importante que debes optimizar en tu vida y lo más probable es que necesites dejar de autoengañarte.

Si no lo estás haciendo ya, es hora de ser intencional y estratégico con respecto a lo que comes, cuándo lo haces y, más importante aún:

por qué lo haces, de tal forma que puedas diseñar tu vida para obtener y disfrutar de un nivel de energía óptimo.

Hábitos alimenticios estratégicos

Hasta este punto, es bastante probable que te hayas estado preguntando: *¿cuándo puedo comer durante mi rutina de la mañana?* Este tema, lo abordaré acá y te diré *qué* comer para tener el máximo de energía —que es un aspecto de suma importancia— y *por qué* la elección de lo que comes es la más importante de todas.

Cuándo comer: De nuevo, recuerda que la digestión usa mucha energía a diario. Cuanto más abundante sea tu comida, más alimento tendrá que digerir tu cuerpo y más cansado te vas a sentir. Con esto en mente, te recomiendo que tomes tu primera comida d*espués* de tu rutina de la mañana. Así, te aseguras de que, para estar bien alerta y concentrado durante los *S.A.V.E.R.S.* de vida, la sangre esté fluyendo a tu cerebro en lugar de fluir a tu estómago para digerir tus alimentos.

Sin embargo, te recomiendo que comiences tu día tomando una pequeña cantidad de grasas como si fuera combustible para tu cerebro. Los estudios han demostrado que el buen equilibrio entre una mente aguda y el estado de ánimo tiende a estar relacionado con el tipo de grasas que consumes. "Nuestro cerebro es, como mínimo, 60% grasa y está compuesto de grasas (como las Omega 3) que necesitamos obtener de nuestros alimentos", recomienda la Dra. Amy Jamieson-Petonic, dietista registrada, Directora de Entrenamiento de Bienestar en Cleveland Clinic y portavoz nacional de American Dietetic Association.

Después de tomar su primer vaso completo de agua, Hal comienza cada mañana con una cucharada de mantequilla de coco orgánico (específicamente *Nutiva Organic Coconut Manna*, que la puedes ordenar en Amazon.com) y una taza grande de café orgánico que mezcla con mantequilla de cacao Bulletproof (disponible en Bulletproof.com). La cucharada de mantequilla de coco es una cantidad tan pequeña que es fácil de digerir y contiene suficientes grasas saludables como para darle combustible al cerebro. Los beneficios para la salud que aporta el cacao son muy importantes, desde bajar la presión arterial hasta ser una central de energía llena de antioxidantes (el cacao hace parte de los 20 mejores elementos en la escala de capacidad de absorción de radicales de oxígeno [ORAC, por su sigla en inglés], la cual se usa para clasificar la capacidad antioxidante de los alimentos).

Es probable que el aspecto más emocionante de comer cacao sea que ¡en realidad, te hace feliz! Contiene feniletilamina (conocida como la "droga del amor"), la cual es responsable de nuestro estado de ánimo y de los mismos sentimientos que experimentas cuando estás enamorado. También actúa como estimulante y mejora la agudeza mental. En otras palabras: cacao es igual a ¡ganar, ganar y ganar!

Si sientes que debes comer algo a primera hora en la mañana, asegúrate de que sea una comida pequeña, ligera y de fácil digestión, como una fruta fresca o un batido (hablaremos más de esto en un minuto).

Por qué comer: Tomemos un momento para ahondar más en *por qué* eliges comer lo que comes. Cuando estás comprando alimentos en la tienda, o seleccionado un plato en el menú de un restaurante, ¿qué criterio usas para determinar qué vas a poner en tu cuerpo? ¿Tus elecciones se basan solo en el gusto? ¿En la textura? ¿En la conveniencia? ¿En tu salud? ¿En la energía que te aportan? ¿En las restricciones en tu dieta?

La mayoría de las personas elige las comidas, únicamente, según su *gusto*; a un nivel más profundo, esa elección se debe a un apego emocional al sabor de las comidas que les gustan. Si le preguntas a alguien por qué come helado, pollo frito o toma sodas, es muy probable que te diga que le encanta el helado, que tenía deseos de comer pollo frito o que le gusta tomar sodas. Todas estas respuestas se basan en el disfrute emocional que proviene, más que todo, del sabor de esos alimentos. En este caso, es poco probable que alguien explique su elección de alimentos basándose en el valor que estos le aportarán a su salud o en cuánta energía sostenida recibirán como resultado de consumirlos.

Mi punto es este: si queremos tener más energía (y todos lo deseamos) y que nuestra vida sea saludable y sin enfermedades (que es el deseo de todos), entonces, es de suma importancia reexaminar por qué comemos lo que comemos. A partir de este punto, y sé que ya lo he abordado, pero vale la pena repetirlo: **comienza a darle mucho más valor al efecto que tienen los alimentos que consumes sobre tu salud y tu energía, que al valor que le das al sabor.** El sabor te da solo unos minutos de placer, pero sus consecuencias sobre tu salud y energía afectan el resto de tu día y de tu vida.

De ninguna manera estoy diciendo que deberíamos comer alimentos que no tengan buen sabor a cambio de obtener los beneficios de la buena salud y optima energía. Estoy diciendo que podemos tener ambas cosas. Si queremos vivir todos los días con abundancia de energía para poder ejercer nuestro mejor desempeño y disfrutar de una vida larga y saludable, debemos optar por comer más alimentos que sean buenos para nuestra salud, que nos den energía sostenible y que además sepan bien.

Qué comer: Antes de hablar acerca de qué comer, tomemos un segundo para hablar acerca de qué *beber*. Recuerda que el *Paso # 4 de los cinco pasos estratégicos a prueba de pereza para levantarse* es tomar todo un vaso de agua a primera hora en la mañana, de modo que te rehidrates y recargues tus energías después de toda una noche de sueño.

Luego, por lo general, al igual que Hal, yo también preparo un café Bulletproof antes de iniciar mi mañana milagrosa. Pongo mi alarma 15 minutos más temprano y así tengo tiempo para hacer mi café sin afectar mi tiempo para los S.A.V.E.R.S.

En cuanto a qué comer, se ha demostrado que una dieta rica en *alimentos vivos*, tales como frutas y verduras frescas, aumenta en gran medida tus niveles de energía, mejora tu agudeza mental y tu bienestar emocional, te mantiene saludable y te protege contra enfermedades. Hal creó el "batido de súper alimento" para las horas de la mañana e incorpora todo lo que tu cuerpo necesita ¡en un vaso grande! Estoy hablando de un batido completo de proteína (*todos* los aminoácidos esenciales), antioxidantes que desafían la edad, ácidos grasos esenciales de Omega 3 (para impulsar la inmunidad, la salud cardiovascular, y el poder cerebral), además de un espectro rico en vitaminas y minerales... y eso es solo el comienzo. Ni siquiera he mencionado todos los *súper alimentos*, tales como los fitonutrientes del cacao (el frijol tropical del cual se hace el chocolate) que son estimulantes y elevan el ánimo, la energía duradera de la maca (la planta andina reconocida por sus efectos equilibrantes de las hormonas) y los nutrientes inmunoestimulantes y supresores del apetito que tienen las semillas de chía.

El batido del súper alimento de la mañana no solo te da energía sostenida, sino que también sabe muy bien. Incluso notarás cómo mejora tu capacidad para desarrollar todas tus actividades durante tu vida cotidiana.

¿Recuerdas el viejo adagio de que "eres lo que comes"? Pues bien, los alimentos son los bloques de construcción y el combustible que necesita tu cuerpo para hacer todas las maravillas que hace. Cuida de tu cuerpo para que tu cuerpo cuide de ti. ¡Sentirás energía vibrante y mayor claridad de inmediato!

Hablemos de combustible. Yo cambié mi manera de ver la comida y pasé de la perspectiva de recompensa, gusto o comodidad por la de combustible. Quiero comer alimentos deliciosos y saludables que impulsen mis niveles de energía y me permitan seguir trabajando mientras necesite y quiera hacerlo.

No me malinterpretes. Todavía disfruto de ciertas comidas que no son las elecciones más saludables, pero las reservo estratégicamente para tiempos en los que no necesito mantener niveles óptimos de energía, tales como en las noches o los fines de semana.

La forma más fácil de tomar decisiones con inteligencia en cuanto a la alimentación es comenzar a prestarle atención a cómo te sientes después de consumir ciertos alimentos. Yo comencé por programar una alarma para que sonara 60 minutos después de cada comida. Cuando sonaba la alarma, evaluaba mi nivel de energía y fue así como no tardé mucho en reconocer cuáles eran los alimentos que me daban el mayor impulso de energía y cuáles no. De esa manera, detecto con total claridad la diferencia en mi nivel de energía durante los días en los que tomo un batido o como una en salada y los días en que como un emparedado de pollo o una porción de esa pizza que huele tan bien. Los primeros, me dan energía adicional; los últimos, me ponen en déficit de energía.

¿Cómo sería darle a tu cuerpo lo que necesita para trabajar y hacer deporte durante todo el tiempo que desees? ¿Cómo sería darte justo lo que de verdad mereces? Date el regalo de una buena salud eligiendo de manera consciente lo que comes y bebes.

Si todo el día estás comiendo, casi como por inercia, o usas el servicio de atención al auto después de sentir mucha hambre, es hora de darle inicio a una nueva estrategia. Considera un poco lo siguiente:

- ¿Puedo comenzar a considerar de manera consciente las consecuencias de lo que como (ya sean sobre mi salud o mi energía) y darle a ello más valor que al gusto?
- ¿Puedo mantener agua conmigo todo el tiempo para hidratarme de manera intencional y con propósito, y evitar deshidratarme?
- ¿Puedo planear comidas con antelación, incluyendo meriendas saludables, de tal forma que sea capaz de combatir cualquier patrón que tenga y que no me beneficie?

Sí, puedes hacer todo eso y mucho más. Piensa lo mejor que será tu vida y cuánta energía adicional tendrás para trabajar en tu empresa cuando tomes consciencia y seas intencional respecto a tus hábitos de lo que comes y lo que bebes.

- Lograrás mantener sin problema un estado mental y emocional positivo. La baja energía hace que nos sintamos desanimados, mientras que los altos niveles de energía producen un estado mental, una perspectiva y una actitud positivos.
- Serás más disciplinado. La baja energía consume nuestra fuerza de voluntad y hace que seamos más proclives a optar por lo *fácil* en lugar de lo *correcto*. Los altos niveles de energía aumentan la autodisciplina.
- Servirás de ejemplo para las personas que lideras y las que amas. Nuestra manera de vivir inspira a quienes nos rodean a hacer lo mismo.

- Serás más saludable, te sentirás mucho mejor y vivirás por más tiempo.

- Y como bono adicional, alcanzarás tu peso natural sin mucho esfuerzo.

- Y el mejor bono que recibirás es: desarrollarás tu empresa con más rapidez, harás más ventas, reclutarás más y mejores miembros para tu equipo y ¡ganarás más dinero porque te verás y te sentirás muy bien!

No olvides mantenerte hidratado durante el día. La falta de agua conlleva a la deshidratación, una condición que se da cuando no tienes suficiente agua en el cuerpo para realizar todas las funciones normales. Incluso una leve deshidratación te quita energía y hace que te sientas cansado.

Implementando *los cinco pasos estratégicos a prueba de pereza para levantarte,* tomarás tu primer vaso de agua al iniciar el día. Además de eso, te recomiendo mantener siempre a tu lado una botella grande de agua y adoptar el hábito de tomar 16 onzas cada una o dos horas. Si acordarte de tomar agua es un desafío para ti, programa una alarma recurrente para que adquieras el hábito de terminar tu botella de agua y rellenarla para la siguiente ronda de rehidratación.

Cuando se trata de la frecuencia en las comidas, es importante recargar combustible cada tres a cuatro horas con alimentos vivos pequeños y fáciles de digerir. Yo soy intencional en recargar combustible cada tres a cuatro horas durante el día. Mis comidas regulares consisten en una forma de proteína y legumbres. Para evitar que mis niveles de glucosa en la sangre bajen, tomo meriendas de alimentos vivos con frecuencia, incluyendo frutas crudas y nueces, y una de mis meriendas favoritas, galletas de kale. Procuro planear mis mejores comidas para los días que necesito ser más productivo.

Creo que comer para tener energía, desde la primera comida del día hasta que termino de trabajar, combinado con ejercicio, también me da la libertad de comer lo que desee en las tardes y los fines de semana. Creo que puedo comer lo que desee, solo que no tanto como me gustaría. He aprendido a probar de todo, pero a comer solo lo suficiente y hasta sentirme satisfecho.

Al final, esto es lo que debes recordar: la comida es combustible. Deberíamos usarla para funcionar desde el comienzo del día hasta el final, de tal forma que nos permita sentirnos muy bien y con bastante energía. Darle más valor al efecto sobre la energía que tienen los alimentos que consumes por encima del gusto y tomar alimentos que aumenten la energía es el primer paso de la ingeniería energética.

2. Duerme y levántate para ganar

Duerme más y logra más. Ese es un mantra bastante contradictorio, pero es verdad. El cuerpo necesita suficiente tiempo con los ojos cerrados cada noche para operar como es debido; necesita recargarse después de un día de muchas exigencias. El sueño también juega un papel crítico en la función inmunológica, el metabolismo, la memoria, el aprendizaje y en otras funciones corporales vitales. Durante el sueño es cuando el cuerpo hace la mayoría de sus funciones de reparación, sanidad, descanso y crecimiento.

Si no duermes lo suficiente, te vas desgastando poco a poco y limitas tu capacidad de crecer en cualquier aspecto de tu vida.

Dormir versus dormir lo suficiente

¿Pero cuánto es suficiente? Hay una gran diferencia entre la cantidad de sueño que necesitas para funcionar y la cantidad que necesitas para funcionar de manera óptima. Los investigadores de la Universidad de California, en San Francisco, descubrieron que hay personas que tienen un gen que les permite funcionar muy bien con solo seis horas de sueño. Sin embargo, este gen es muy raro y solo lo tiene el 3% de la población. Para el otro 97% restante, seis horas ni si quiera se acercan a ser suficientes. El hecho de poder funcionar con solo cinco a seis horas de sueño no significa que una o dos horas más en la cama no harán que te sientas mucho mejor y te den capacidad para hacer mucho más.

Supongo que te sonará contradictorio. Estoy casi seguro de que estarás pensando: "*¿Pasar más tiempo en la cama y hacer más? ¿Cómo funciona eso?*". Sin embargo, hay bastante documentación que indica que disfrutar de suficiente sueño le permite al cuerpo funcionar a niveles de desempeño más elevados. No solo trabajarás mejor y más rápido, sino que tu actitud también mejorará.

La cantidad de descanso que cada persona necesita por noche varía, pero las investigaciones han demostrado que el adulto promedio necesita entre siete y ocho horas de sueño para restaurar la energía necesaria para enfrentar las exigencias que trae la vida diaria.

He sido condicionado, como es el caso de muchos de nosotros, a pensar que necesito de ocho a diez horas de sueño. De hecho, unas veces, necesito menos y otras necesito más. La mejor manera de saber si estás satisfaciendo tus necesidades de sueño es evaluar cómo te sientes durante el día. Si estás durmiendo la cantidad suficiente de horas, te sentirás energético y alerta durante todo el día, desde el momento en el que te levantes hasta tu hora usual de ir a la cama. Si no es así, acudirás a la cafeína o al azúcar a mitad de la mañana o a mitad de la tarde… o ambas.

Si eres como la mayoría de las personas, cuando no descansas lo suficiente, se te dificulta concentrarte, pensar con claridad e incluso recordar cosas. A lo mejor, notes tu ineficiencia o ineficacia en casa o en el trabajo o, tal vez, le atribuyas esas fallas al hecho de que tienes un horario muy lleno. Lo cierto es que, cuanto más sueño pierdas, más notorios serán tus síntomas.

Además, la falta de descanso y relajación también afecta tu estado anímico. ¡El emprendimiento no es un lugar para el mal humor! Es un hecho científico que, cuando las personas no tienen un buen descanso durante el sueño, su personalidad se altera y, por lo general, son más gruñonas, menos pacientes y se enojan con más facilidad. El resultado de que no tengas el descanso justo y necesario hace que no sea grato tenerte cerca, algo que no es divertido para nadie, ni siquiera para ti mismo.

La mayoría de los adultos reduce su tiempo de sueño para introducir más actividades en su horario. A medida que corres contra el tiempo para cumplir con todo, lo más probable es que te sientas tentado a dormir menos para hacer más. Por desgracia, la falta de sueño hace que el cuerpo se desgaste, lo cual les da lugar a enfermedades, virus y malestares ese pequeño espacio que estas necesitan para atacar tu cuerpo. Cuando te privas de sueño, tu sistema inmunológico suele verse afectado y es susceptible a casi cualquier cosa. Con el tiempo, la falta de descanso termina por producir enfermedades que conducen a días o incluso semanas de trabajo perdidos. Y esa sí que no es una buena manera de hacer crecer tu empresa.

Por otra parte, cuando tienes suficiente descanso, tu cuerpo opera como debería, da gusto tenerte cerca y tu sistema inmunológico es más fuerte. Y es justo ahí cuando haces más ventas y atraes más personas a tu empresa. Considera el sueño de calidad como el tiempo en el que enciendes tu imán interior. Levántate descansado y con buen ánimo gracias a tus *S.A.V.E.R.S.* de vida y atraerás más negocios, porque un emprendedor feliz es también un emprendedor rico.

Los verdaderos beneficios del sueño

A lo mejor, todavía no has comprendido lo poderoso que es el sueño. Mientras divagas alegremente entre tus sueños, el sueño hace un gran trabajo a tu favor y te proporciona una gran cantidad de asombrosos beneficios.

Mejora tu memoria. Tu mente está sorprendentemente ocupada mientras duermes. Durante el sueño, limpias toxinas perjudiciales que son el producto de funciones cerebrales durante el día, fortaleces recuerdos y practicas habilidades que has aprendido mientras estás despierto por medio de un proceso denominado consolidación.

¡Si estás tratando de aprender algo, ya sea mental o físico, hasta cierto punto, lo aprendes con la práctica", afirma el Dr. David Rapoport, profesor asociado en NYU Langone Medical Center y experto en sueño, "pero mientras duermes, algo sucede que te hace aprender mejor".

En otras palabras, si estás tratando de aprender algo, ya sea un idioma, un nuevo movimiento de tenis o las especificaciones de un nuevo producto en tu arsenal, aumentarás tu desempeño cuando tengas un sueño adecuado.

Vives más. Tener demasiado o muy poco sueño tiene una relación directa con una longevidad más corta, aunque no es claro si es una causa o un efecto. En un estudio realizado en el año 2010 con mujeres entre los 50 y 79 años, se presentaron más muertes entre mujeres que tenían menos de cinco horas de sueño que entre las que dormían más de seis horas y media de sueño por noche. Por lo tanto, tener la cantidad correcta de sueño es una buena idea para tu salud a largo plazo.

Eres más creativo. Mientras el sueño mejora la memoria y el aprendizaje, el sueño de movimientos oculares rápidos (MOR) parece aumentar tu capacidad para resolver problemas de manera creativa. Investigadores de Harvard estudiaron a un grupo de personas antes y después de tomar una siesta. Para tener un punto de control, sometieron a otros participantes a la misma serie de preguntas sin que tomaran la siesta. A algunos de los que tomaron la siesta se les permitió dormir hasta la etapa de movimientos oculares rápidos (MOR) mientas que a otros no se les permitió. Los que tomaron la siesta y durmieron más profundamente, mejoraron su desempeño en la resolución creativa de problemas casi en un 40% cuando se compararon con sus contrapartes que durmieron durante menos tiempo y los que no durmieron nada.

Obtienes y conservas con más facilidad un peso saludable. Si tienes sobrepeso, no tendrás los mismos niveles de energía que las personas con peso saludable. Junto con cambiar tu estilo de vida para incluir más ejercicio y cambios de dieta con tu rutina de la mañana y la ayuda de la ingeniería energética, también es bueno que planees acostarte más temprano. Si le añades exigencias físicas a tu cuerpo, esto significa que vas a necesitar equilibrar esas exigencias con suficiente descanso.

Investigadores de la Universidad de Chicago encontraron que quienes hacen una dieta y tienen buen descanso pierden más grasa, hasta en un 56% más que aquellos que sufren privación del sueño, quienes pierden más masa muscular. El hambre de los participantes en este experimento aumentaba cuando ellos no tenían suficiente tiempo de descanso. La conexión clave entre el sueño y el metabolismo es de tipo cerebral: los mismos sectores del cerebro controlan ambas funciones. Las hormonas que aumentan tu apetito se liberan cuando no has dormido lo suficiente.

Te sientes menos estresado. Es muy probable que esto no sea nuevo para ti: una buena noche de descanso reduce el estrés. El sueño reducido y el estrés afectan la salud cardiovascular al punto de perturbar tu salud a largo plazo y tu suministro de energía a corto plazo. Además de reducir el estrés, tu compromiso de gozar de buen sueño permite que tu cuerpo controle mejor tu presión arterial. También se considera que el sueño afecta los niveles de colesterol, lo cual juega un papel importante en las enfermedades cardíacas.

Evitas errores y accidentes. The National Highway Traffic Safety Administration informa que la fatiga es responsable de la mayoría de "accidentes fatales de un solo auto saliéndose del camino, debido al desempeño del conductor". ¡Lo más impactante es que la fatiga del conductor es citada en estos accidentes más a menudo que el alcohol! Esto se debe a que la falta de sueño afecta el tiempo de reacción y la toma de decisiones, que es una combinación peligrosa en el camino.

Si no dormir lo suficiente por una sola noche es tan perjudicial para tus capacidades de conducción como si hubieses ingerido una bebida alcohólica, imagínate cómo y cuánto afecta tu capacidad de mantener la concentración necesaria para convertirte en un emprendedor de alto desempeño.

Entonces, ¿cuántas horas de sueño necesitas *en realidad*? Solo tú sabes bien cuánto sueño necesitas para batear cuadrangular tras cuadrangular.

Un descanso consistente y efectivo es tan crucial en tu desempeño como lo es tu alimentación. Por esta razón, tener noches de sueño de calidad te da la base para un día de pensamientos claros, energía sostenida y desempeño y creatividad al máximo para resolver los problemas que surjan durante el día. Comprométete a dormir lo suficiente y a disponer de un tiempo de descanso consistente, pues es casi seguro que, más importante que la cantidad de horas de sueño cada noche, es cómo abordas el acto de levantarte en la mañana.

¿Cuánto sueño necesitas en realidad?

Lo primero que algunos expertos te dirán respecto a la cantidad de horas de sueño que necesitas es que no existe una cantidad de horas universal. La duración ideal de sueño durante la noche varía entre persona y persona y se ve influenciada por elementos tales como la edad, la genética, el estrés, la condición de salud en general, cuánto ejercicio práctica cada una, la dieta que lleva —incluyendo la hora en la que toma su última comida— e infinidad de otros factores.

Por ejemplo, si tu dieta consiste en comidas rápidas, alimentos procesados, demasiado azúcar, etc. entonces tu cuerpo tendrá el desafío de recargar y rejuvenecerse mientras duermes. Tendrá que trabajar mucho en la noche para desintoxicarse y filtrar los venenos que le has introducido. Pero si tienes una dieta limpia, de alimentos vivos, como lo hemos descrito en esta sección, entonces tu cuerpo descansará con más facilidad. La persona que lleva una dieta limpia, casi siempre, se levantará sintiéndose refrescada, tendrá más energía y funcionará de manera óptima, así duerma *menos* que aquella que tiene una mala dieta.

Debido a que hay una amplia variedad de evidencias encontradas mediante diversos estudios y expertos, y dado que la cantidad de sueño necesario varía de persona a persona, no intentaré plantear que hay un método *adecuado* para dormir. En lugar de ello, compartiré mis propios resultados de la vida real, basándome en mi experiencia personal y de experimentación, y en estudiar los hábitos de sueño de algunas de las más grandes mentes de la Historia. Te advierto: parte de esto tiende a controversial.

Cómo levantarse con más energía (durmiendo menos)

Al experimentar con varias duraciones de sueño, y al conocer las de muchos otros practicantes de la rutina de *La mañana milagrosa* que han puesto a prueba esta teoría, Hal encontró que el impacto de nuestro sueño sobre nuestra biología se ve afectado en gran medida por nuestra *creencia* personal respecto a la cantidad de sueño que necesitamos. En otras palabras, la manera como nos sentimos cuando nos levantamos en la mañana, y esto es una diferencia muy importante, no solo se basa en la cantidad de horas que dormimos, sino que se ve influenciada en gran medida por lo que nos dijimos a nosotros mismos respecto a cómo nos sentiríamos a la hora de levantarnos.

Por ejemplo, si *crees* que necesitas ocho horas de sueño para sentirte descansado, pero te vas a la cama a media noche y debes levantarte a las 6:00 a.m., es probable que te digas: "Voy a sentirme exhausto en la mañana". Luego ¿qué sucede tan pronto suena tu reloj despertador, abres los ojos y te das cuenta de que es hora de levantarte? ¿Qué es lo primero que piensas? ¡Es lo mismo que pensaste antes de dormirte! "¡Solo dormí seis horas y me siento exhausto!". Esa es una profecía cumplida que te sabotea. Si te dices a ti mismo que vas a sentirte cansado en la mañana, entonces, en efecto, así será. Si crees que necesitas ocho horas para sentirte bien descansado, entonces no sentirás que has descansado si duermes menos que eso. ¿Pero qué tal si cambiaras esa idea?

La conexión entre la mente y el cuerpo es poderosa y pienso que debemos asumir la responsabilidad de cada aspecto de nuestra vida, incluyendo el poder de despertarnos cada día sintiéndonos energizados, sin importar cuántas horas hayamos dormido.

Si pereceas, pierdes: La verdad respecto a levantarte temprano

El viejo dicho: "Si duermes cinco minutos más, pierdes", tiene un significado mucho más profundo de lo que pensamos. Cuando oprimes el botón del despertador para que vuelva a sonar más tarde y dilatas el levantarte hasta cuando *debas* hacerlo, es decir, si esperas a levantarte hasta la hora en la que debes estar en otra parte, considera que estás comenzando tu día ejerciendo resistencia. Cada vez que presionas ese botón, te estás resistiendo a tu día, a tu vida y a levantarte para lograr la vida que dices querer.

Según Robert S. Rosenberg, Director Médico de Sleep Disorders Centers de Prescott Valley y Flagstaff, Arizona, "cuando oprimes varias veces el botón para dormir un poco más, te haces dos cosas negativas a ti mismo: la primera, es que fragmentas el poquito de sueño adicional que obtendrás, así que el sueño que sigue es de mala calidad. La segunda, es que comienzas a someterte a un nuevo ciclo de sueño al que no le darás suficiente tiempo para que termine y esto resultará en constante debilidad durante el día".

Si no lo has hecho todavía, asegúrate de comenzar a seguir los cinco pasos estratégicos a prueba de pereza para levantarte que se encuentran en el Capítulo 2 y estarás listo para triunfar. Si tu desafío es ir a la cama a tiempo, trata de programar una "alarma para ir a la cama" que suene una hora antes de tu hora de dormir ideal, animándote a comenzar a relajarte para irte a la cama. Esto te dará una ventaja cuando sea hora de levantarte y brillar —la hora en la que te dispones a sacarle el mayor provecho a tu día.

Cuando te levantas todos los días con pasión y propósito, te vinculas al pequeño porcentaje de los grandes triunfadores que están haciendo realidad sus sueños. Y más importante aún, te sentirás feliz con solo cambiar tu método para levantarte en la mañana, pues estarás cambiándolo todo. Pero no lo creas solo porque yo lo digo —confía en estos famosos madrugadores: Oprah Winfrey, Tony Robbins, Bill Gates, Howard Schultz, Deepak Chopra, Wayne Dyer, Thomas Jefferson, Benjamin Franklin, Albert Einstein, Aristóteles y en muchos más que podríamos incluir en esta lista.

Nadie nunca nos enseñó que si aprendíamos a establecer de manera consciente nuestra intención de levantarnos cada mañana con un deseo genuino —incluso entusiasmo— de hacerlo, lograríamos cambiar toda nuestra vida.

Si cada mañana duermes un poco más, hasta el último momento posible, cuando ya tienes que ocuparte del trabajo que tienes para ese día, y luego vuelves a casa y dormitas frente al televisor hasta la hora de irte a la cama (esa solía ser mi rutina diaria), tengo que hacerte esta pregunta: ¿Cuándo vas a desarrollarte para ser la persona que debes ser y crear los niveles de salud, riqueza, felicidad, éxito y libertad que de verdad quieres y mereces? *¿Cuándo vivirás tu vida en lugar de avanzar pesadamente por tu rutina diaria en busca de todas las distracciones posibles para escapar de la realidad? ¿Qué tal si tu realidad y tu vida fueran la razón por la que anhelas despertarte rápido al día siguiente? ¿Y qué tal si todo eso comenzara con la manera en que te levantas?*

No hay mejor día que hoy para renunciar a lo que has sido y comenzar a ser lo que puedes llegar a ser, cambiando la vida que has estado viviendo por la que de verdad deseas tener. No hay mejor libro que este para aprender sobre cómo convertirte en la persona que necesitas ser, capaz de crear, generar y sostener el estilo de vida que siempre has deseado.

3. Descansa para recargarte

La contraparte consciente del sueño es el *descanso*. Aunque algunas personas usan estos dos términos de forma intercambiable, en realidad, son diferentes. A lo mejor, tengas ocho horas de sueño, pero si todas las horas que permaneces despierto las pasas corriendo, entonces no tendrás tiempo para pensar, ni recargar tus baterías físicas, mentales y emocionales. Cuando trabajas todo el día, corres de una a otra actividad después de terminar tus horas de trabajo y cierras tu jornada con una cena rápida y acostándote tarde, no estás disponiendo de tiempo para descansar.

Así mismo, si pasas los fines de semana llevando a tus hijos a fútbol, voleibol o baloncesto y luego vas a ver un juego de fútbol americano, asistes a la iglesia, cantas en el coro y vas a varias fiestas de cumpleaños etc., todo esto te hace más daño que bien. Aunque cada una de estas actividades es muy buena, mantener un horario muy lleno no te da tiempo para recargarte.

Vivimos en una cultura que perpetúa la creencia de que tener días ocupados y emocionantes equivale a que somos más valiosos, más importantes y nos sentimos más vivos. En realidad, somos todas esas cosas cuando disfrutamos de paz interior. A pesar de nuestras mejores intenciones por llevar una vida equilibrada, el mundo moderno nos exige estar conectados y ser productivos casi todo el tiempo, y esta exigencia nos desgasta a nivel emocional, espiritual y físico.

¿Qué tal si, en lugar de estar siempre en movimiento, valoraras el tiempo de silencio intencional, un espacio sagrado, periodos de silencio con propósito? ¿Cómo mejoraría todo esto tu vida, tu bienestar físico y emocional y tu capacidad de alcanzar tu éxito como emprendedor?

Te parecerá contradictorio que te proponga que te tomes un tiempo de descanso cuando tu lista de pendientes es de una milla de largo. Sin embargo, el hecho es que tener más descanso es un prerrequisito para realizar un trabajo que de verdad sea productivo.

Las investigaciones demuestran que el descanso dispersa tu estrés. Prácticas tales como el yoga y la meditación también disminuyen el ritmo cardíaco, la presión arterial y el consumo de oxígeno. Alivian la hipertensión, la artritis, el insomnio, la depresión, la infertilidad, el cáncer y la ansiedad. Los beneficios espirituales que da el descanso son profundos. Disminuir el ritmo y guardar silencio significa que podrás escuchar la sabiduría y conocimiento de tu voz interior. El descanso y su hermana cercana, la relajación, nos permiten reconectarnos con el mundo y lo que nos rodea, trayendo tranquilidad a nuestra vida y una sensación de contentamiento.

Y sí, en caso de que te lo estés preguntando, serás más productivo, más amable con tus amigos y familiares (sin mencionar a tus empleados y clientes) y, en general, también serás mucho más feliz. Cuando descansamos es como si dejáramos a la tierra descansar en lugar de estar sembrando y cosechando de manera constante. Nuestras baterías personales necesitan ser recargadas. La mejor manera de recargarlas es a través de descanso simple y real.

Maneras fáciles de descansar

La mayoría de nosotros confunde el descanso con la recreación. Para descansar, hacemos cosas como salir a caminar, cuidar el jardín, hacer ejercicio o incluso ir a una fiesta. Cualquiera de esas actividades solo se considera como descanso porque son descansos del trabajo, pero, en realidad, no lo son, ni pueden ser definidas como tal.

El descanso ha sido definido como una clase de experiencia de sueño despierto, mientras estás alerta y consciente. Es el puente básico para el sueño y logramos descansar y dormir de la misma manera: separando espacio para hacerlo y dejando que suceda. Todo organismo vivo necesita descanso, incluido tú. Cuando no tomamos tiempo para descansar, llegará el momento en que la falta de descanso nos pasará la cuenta de cobro.

- Si ahora estás invirtiendo cinco o más minutos cada mañana durante tus *S.A.V.E.R.S.* de vida para meditar o permanecer en silencio, ese es un gran comienzo.
- Procura reservar un día a la semana para descansar. Lee, disfruta de una película, trata de hacer algo no tan exigente con tu familia o incluso pasa un rato a solas; cocina en casa, diviértete con juegos de mesa en compañía de tus hijos y disfruta del hecho de estar juntos.
- Cuando estés conduciendo, hazlo en silencio: apaga la radio y guarda el teléfono.
- Sal a caminar con tus tapones de oídos. El tiempo en la naturaleza sin ninguna intención ni metas como quemar calorías es un verdadero descanso.
- Apaga la televisión. Destina media hora, una hora o incluso medio día para el silencio.
- Procura respirar de manera consciente y, mientras lo haces, concéntrate en inhalar y exhalar en el espacio entre cada respiración.
- Toma una taza de té de manera muy consciente, lee algo inspirador, escribe en tu diario, toma un baño caliente o recibe un masaje.
- Asiste a un retiro. Podría ser con tu equipo, con un grupo de amigos, con tu iglesia, con cualquier comunidad con la que estés involucrado, con tu familia, tu cónyuge o tú solo en medio de la naturaleza.

Incluso tomar una siesta es una manera poderosa de descansar y recargarte. Si por alguna razón me estoy sintiendo cansado durante el día y todavía tengo mucho por hacer, no dudo en oprimir el botón de reinicio con una poderosa siesta de 20 a 30 minutos. Tomar siestas también conlleva a tener mejores patrones de sueño.

Es útil establecer un tiempo específico para descansar. Pon límites en torno a tu descanso y haz respetar ese tiempo.

El hábito de descansar

Como emprendedor, por defecto, estás en las trincheras. Vas a tener que programar tiempo para descansar y cuidar de ti mismo de la misma manera que programas las otras citas en tu vida. La energía que obtengas te recompensará con creces.

El descanso es, sin duda, una práctica que no aprendimos en la escuela y quizá descansar no sea una práctica natural para ti en un principio. Después de todo, eres un emprendedor con impulso e ímpetu. Así que, lo más probable es que sientas que necesitas ser consciente de convertirlo en una prioridad. Aprender diferentes prácticas conscientes y traerlas a tu vida diaria es una manera eficiente de hacer descansar bien tu cuerpo, tu mente y tu espíritu. Prácticas tales como la meditación a medio día, el yoga y el silencio intencional, son maneras poderosas de ir a tu interior y alcanzar estados descansados para tu ser, en especial, cuando te comprometes a practicarlas de manera regular.

Cuanto más integres periodos de descanso y silencio a tu vida diaria, mayor será la recompensa. Es posible que durante periodos más tranquilos no necesites descansar tanto, pero los periodos de intensidad (como cumplir con una gran cuota de ventas o con un plazo importante) suelen requerir de más descanso y silencio que lo usual.

La combinación entre ejercicio, alimentos saludables, sueño consistente y descanso te ayudará a dar un gran salto en la dirección correcta tanto para ti como para tu empresa. Ten presente que, cuando trates de adoptar estas tres prácticas —comer, dormir y descansar con más eficacia—, es posible que, al comienzo, el proceso te parezca incómodo. Lo más seguro es que tu cuerpo haga algo de resistencia, así que, contrarresta la urgencia de huir de la incomodidad comprometiéndote a comenzar a ponerlas en práctica desde hoy mismo.

Poniendo en acción la ingeniería energética

Paso Uno: Comprométete a comer y beber para tener energía, dándole prioridad por encima del sabor a los efectos sobre la energía que tienen los alimentos que consumes. Después de tu meta inicial de tomar agua en la mañana, come algún tipo de grasa para alimentar tu cerebro. Trata de incorporar a tu dieta diaria un nuevo tipo de comida saludable, de alimentos vivos. En lugar de merendar con papas fritas, prueba las galletas de kale o una porción de fruta orgánica fresca. Y recuerda tener agua a tu lado todo el tiempo para mantenerte hidratado.

Paso Dos: Duerme y levántate para triunfar eligiendo una hora diaria y consistente para ir a la cama *así como* una hora para levantarte. Según la hora en la que te levantes a iniciar tu rutina de la mañana, vuelve a descansar a una hora en la que te asegures de que tendrás suficiente sueño. Mantén una hora específica para ir a la cama durante varias semanas con el fin de acostumbrar tu cuerpo. Si necesitas un recordatorio para descansar, programa una alarma que te anime a comenzar a relajarte una hora antes de irte a dormir. Después de un par de semanas, siéntete en libertad de jugar con la cantidad de horas que programas para dormir, a fin de optimizar tus niveles de energía.

Paso Tres: Aparta tiempo en tu calendario diario para descansar y recargarte, ya sea a través de meditación, de una siesta, saliendo a caminar o realizando una actividad que te dé alegría. Hal toma dos horas para almorzar todos los días y esto le da tiempo para jugar baloncesto o hacer esquí acuático —dos actividades que le encantan y que lo recargan por completo—. ¿Qué actividades diarias podrías planear con el fin de recargarte de energía? Además de tu rutina de la mañana, programa periodos diarios regulares para descansar y recargarte.

Perfil de emprendedor

Jayson Gaignard

La compañía de Jayson Gaignard es MastermindTalks.

Sus mayores logros en los negocios son:

- *Forbes* nombró a Jason como uno de los Top Networkers to Watch.
- Es el fundador de una de las comunidades de emprendimiento más exclusivas en el mundo (con una tasa de aceptación más baja que la de la Universidad de Harvard).

Cada mañana, su rutina consiste en:

- Antes de irse a dormir, Jayson planea las tres metas principales que él necesita lograr durante el siguiente día y le da prioridad a una por encima de las otras. Esto le ayuda a evitar desgastarse tomando decisiones.
- Como el sueño es importante para él, se acuesta a las 9:30 p.m.
- Se levanta a las 5:00 a.m.
- Luego, escribe o hace una lluvia de ideas en sesiones de 25 minutos durante las cuales usa las técnicas pomodoro.
- En la mañana, permanece desconectado por completo del correo electrónico y de las redes sociales, reservando ese tiempo para realizar trabajo profundo y creativo. Jayson se concentra en su mayor prioridad durante dos o tres sesiones pomodoro. Como

sabe que en la mañana se siente con mayor fuerza de voluntad, para él es mejor trabajar durante esas horas en sus retos más difíciles.

- Jayson hace una rutina de ejercicio físico sencilla y rápida para hacer que su sangre fluya.
- Luego, hace cinco minutos de meditación con los ojos abiertos.
- Ha encontrado mucha información en torno a los beneficios médicos de la termogénesis fría, así que, luego, toma una ducha fría.
- Para cuando su hija ya se ha levantado, está listo para la segunda parte de su día.

— 6 —
Destreza #3
Concentración óptima

"El guerrero exitoso es aquel hombre promedio que se concentra con la misma agudeza de un rayo láser".
**—Bruce Lee, actor y deportista marcial
de reconocimiento mundial**

Todos hemos conocido a esa clase de persona. Tú sabes —a *esa* persona—, a la que corre maratones, entrena ligas de niños, sirve como voluntaria en el programa de almuerzos de la escuela de sus hijos y hasta escribe una novela en sus ratos libres. Y además... es una emprendedora increíble, de mucho renombre, ganadora de premios y cosechadora de grandes triunfos cuando se trata de hacer crecer su empresa año tras año. Apuesto que conoces a alguien así, —que parece ser inexplicablemente productivo.

O a lo mejor, conoces a *esta* otra clase de persona —al emprendedor que dirige una empresa de más de $1 millón de dólares, pero que parece nunca trabajar en ella—. Siempre está jugando golf o divirtiéndose en el lago a plena mitad de semana.

Cuando lo ves, está hablado de las vacaciones que acaba de pasar o de las que está a punto de tomar. Tiene buen estado físico, es feliz y hace que cada persona con la que tiene contacto sienta como si hubiese recibido $1 millón de dólares.

Pero, lo que quizá no logras ver, es cómo lo hace. De pronto, habrás pensado que se trata de alguien con suerte o con dones especiales o con buenas conexiones o que tienen la personalidad adecuada para ello. ¡O que nació con superpoderes!

Y aunque todo lo anterior ayuda cuando se trata de emprendimiento, por mi experiencia, sé que el verdadero superpoder detrás de cada emprendedor con increíbles niveles de producción es su *concentración óptima*. La concentración es la capacidad de mantener claridad absoluta con respecto a tus más altas prioridades tomando toda la energía que has aprendido a generar por tu cuenta y canalizándola hacia las actividades cruciales y de mayor importancia y mantenerla ahí, sin importar lo que suceda a tu alrededor o cómo te sientas en el momento. Esta habilidad es clave para convertirte en un emprendedor excepcional.

Uno de los roles más importantes de un emprendedor es darle visión a su organización y compartirla a nivel interno y externo con quienes pertenezcan a ella para que todos trabajen al unísono y creen en conjunto el futuro que él ya ha predeterminado. Ese es el propósito de la visión vívida —tema que abordaré más a fondo en el próximo capítulo—. La visión vívida es una herramienta diseñada para permitirles a los emprendedores que miren tres años hacia el futuro, hacia donde debería estar su empresa para que entonces y luego trabajen en reversa para lograr lo que aspiran alcanzando una tras una sus metas anuales.

Desarrollar y mantener esa visión exige una concentración óptima en todos los elementos que conforman el cuadro completo dentro del contexto del mercado, la industria y la sociedad en general. Al igual que un capitán que dirige una embarcación que cruza el océano (antes de la llegada del GPS, para fines de la analogía), el director ejecutivo debe trazar el mejor curso y confiar en que el primer oficial lo seguirá, que el navío está en orden, que la tripulación está haciendo su trabajo y que los pasajeros están recibiendo buena atención.

Si siempre estás teniendo interrupciones a través de correos electrónicos, llamadas telefónicas, reuniones, videollamadas, contrataciones y despidos, y de otros múltiples tipos de minucias, entonces tu nivel de concentración irá en retroceso, no avanzando. Cuando aprovechas el poder de la concentración, no es que te vuelvas un supehumano, pero sí logras resultados que parecen de superhumanos. Las razones para alcanzar esta clase de logros son bastante sencillas.

- **La concentración óptima te hace más efectivo.** Ser efectivo no significa hacer la mayoría de todo lo que tengas que hacer, ni hacerlo más rápido, sino hacer lo *indicado*. Siendo efectivo, te ocupas de las actividades que le generan impulso y ventas a tu compañía.

- **La concentración óptima te hace más eficiente.** Ser eficiente significa lograr lo que necesitas lograr, pero con menor cantidad de recursos como tiempo, energía o dinero. Cada vez que tu mente se distrae del trabajo, desperdicias esos recursos —en especial, el tiempo—. En el emprendimiento, el tiempo es dinero, así que, cada vez que tu concentración se dispersa, es otro dólar (o cientos de miles de dólares) perdido(s).

- **La concentración óptima te hace productivo.** Entiende que el simple hecho de que estés *ocupado* no significa que estés siendo *productivo*. Es más: los emprendedores que se encuentran en la quiebra suelen ser los más ocupados. Cuando tengas una visión clara, identifica cuáles son tus más altas prioridades para trabajar en ella y sé consistente en realizar aquellas actividades que más resultados te den, así pasarás de estar ocupado a ser productivo. Muy a menudo, confundimos el hecho de estar ocupados —involucrarnos en actividades que no producen resultados como, por ejemplo, revisar el correo electrónico, limpiar el auto o reorganizar la lista de pendientes por duodécima vez este mes— con ser productivos.

Al seguir los pasos que estoy por presentarte, aprenderás a desarrollar el hábito de tener una concentración óptima y te unirás a las filas de los emprendedores más productivos del mundo.

Si combinas esos beneficios, obtendrás un desempeño al máximo nivel y ganarás *mucho* más. Sin embargo, el mayor valor de la concentración es que eleva no solo tus resultados a nivel operativo, sino en cada área importante de tu vida. En lugar de dispersar tu energía en múltiples áreas y obtener resultados mediocres por todas partes, la concentración óptima libera en ti ese potencial de venta que no has aprovechado y mejora tu vida.

Ahora, enfoquémonos en nuestra tarea. Los siguientes son cuatro pasos que debes añadir, además de tu rutina de la mañana, para mantener una concentración constante.

1. Encuentra el ambiente más apropiado para desarrollar una concentración óptima

Comencemos aquí: *Necesitas un ambiente apropiado para desarrollar tu concentración*. Podría ser tu oficina en el trabajo o tu oficina en casa o un café internet cualquiera. No importa cuán modesto sea, lo que necesitas es un lugar para enfocarte al máximo en dirigir tu empresa.

En parte, es por simple logística. Si tu trabajo está disperso entre el maletero de tu auto y la mesa de la cocina, sencillamente, no lograrás ser efectivo. Sin embargo, una razón más importante para disponer de un sitio en el cual concentrarte es porque el hecho de tener un lugar fijo en el cual trabajar activa tu hábito de concentración. Tratar de trabajar en la mesa de tu cocina o hacer llamadas para conseguir clientes mientras estás en el sofá de la sala te hace susceptible a distraerte con actividades improductivas, tales como buscar algo para comer o ver televisión. Siéntate en el mismo escritorio que siempre usas para hacer un trabajo excelente y hazlo a la misma hora todos los días. Verás que, dentro de poco, será más fácil concentrarte con tan solo sentarte en ese sitio.

Si viajas mucho, como es mi caso, entonces tanto tu auto, como tu maleta, las habitaciones y las recepciones de los hoteles donde te hospedas y hasta los aeropuertos o cualquier tienda de venta de café también hacen parte de tu espacio de concentración. Crea hábitos en cuanto a cómo empacas y trabajas cuando estás viajando y así aprenderás a activar el mismo nivel óptimo de concentración que el que tienes cuando te encuentras en tu oficina. Cuando estás preparado y siempre tienes contigo todo lo que necesitas, es fácil trabajar en cualquier parte. Yo podría ir a trabajar incluso en el sofá de tu habitación de huéspedes, si fuere necesario.

2. Elimina el desorden que te desconcentra

El desorden es enemigo de la concentración y por eso es nuestra siguiente parada en este recorrido. Hay una razón por la cual el libro de Marie Kondo, *The Life-Changing Magic of Tidying Up,* es uno de los libros de no ficción mejor vendidos de la última década. Cuando ordenas tu espacio mental y tu espacio físico, el lugar donde te encuentres te inspirará un estado de ánimo calmado y motivado a la vez.

Esto último, me lleva a mi siguiente punto. Hay dos clases de desorden, el mental y el físico, y todos tenemos de ambos. Casi siempre, estamos pensando en cosas que debemos hacer: *el cumpleaños de mi hermana ya está cerca. Tengo que comprarle un regalo y una tarjeta. La otra noche, pasamos un rato excelente a la hora de la cena. Debo enviarle al anfitrión una nota de agradecimiento. Tengo que responderle el correo electrónico a mi nuevo cliente antes de salir de la oficina hoy.*

Luego, están todos los elementos físicos que acumulamos: montones de papel, revistas viejas, notas autoadhesivas, ropa que nunca usamos, el montón de basura en el garaje, las baratijas, los cachivaches y demás objetos que guardamos a lo largo de la vida.

Cualquier tipo de desorden crea el equivalente a una espesa niebla y, para concentrarte, necesitas *ver*. Y para aclarar tu visión, debes sacar de tu cabeza todos esos elementos mentales y reunirlos en un lugar seguro para así aliviar el estrés mental de tratar de recordarlos. Luego, quita de tu camino los elementos físicos que te estorben.

A continuación, te propongo un proceso bastante simple que te ayudará a eliminar la bruma y a darte la claridad que necesitas para concentrarte.

- **Haz una lista de pendientes.** Es probable que tengas muchas cosas que no hayas escrito todavía. Comienza con esas. Y todas esas pequeñas notas autoadhesivas que generan desorden sobre tu escritorio, en la pantalla del computador, en tu planeador, en algunos cajones, en la puerta del refrigerador... ¿hay en otros lugares? Reúne todas esas notas, junto con los elementos de acción en tu lista de pendientes, ya sea un diario físico o una lista en tu teléfono, de tal modo que limpies por completo tu almacenamiento mental. ¿Te sientes mejor? ¡Continúa! Apenas estamos comenzando.

- **Organiza tu espacio de trabajo.** Programa medio día (o un día completo) para revisar cada arrume de papel, cada carpeta llena de documentos y la correspondencia sin abrir que tengas en tu oficina. ¿Ya captas la esencia? Se trata de tirar a la basura o destruir lo que no necesitas. Escanea o archiva lo que sea importante. Toma nota en tu diario de todo asunto que necesite atención y no puedas delegar. Luego, elige un momento para ocuparte de ello.

- **Descongestiona tu vida.** Siempre que sea posible, limpia y organiza cada cajón, armario, gabinete y maletero que no te dé un sentido de calma y paz cuando lo veas. Esto incluye tu auto. Lo más probable es que te tomará varias horas o incluso varios días. Así que, lo más aconsejable es que programes un tiempo corto cada día hasta que todo esté ordenado. Si dices: "Solo necesito un fin de semana para organizar", esa es la mejor manera de nunca empezar. Comienza eligiendo un solo cajón y empieza a ordenar por ahí. Te sorprenderás de cómo las pequeñas ráfagas de trabajo marcarán una gran diferencia en tu entorno. Ordenarte física y mentalmente te permite tener concentración a un nivel que nunca creíste posible. Es un hecho: el orden hace que tu energía se enfoque en lo importante y no en cualquier otra parte.

3. Protégete de las interrupciones

Además de dirigir mi negocio como entrenador y ser orador, también dirijo COO Alliance (un grupo de intelectuales), he escrito cuatro libros, estoy casado y tengo dos hijos, así que, como te imaginarás, mi tiempo es de suma importancia para mí, al igual que el tuyo lo es para ti.

Para evitar distracciones y asegurarme de que mi atención esté enfocada en lo que voy a realizar, mi teléfono casi siempre está en modo *no molestar* y así bloqueo todas las llamadas entrantes, los mensajes de texto o las notificaciones de correo electrónico y las redes sociales. Es una opción simple que aumenta en gran manera mi productividad diaria y mi capacidad de mantener mi concentración en lo que debo realizar. Te recomiendo devolver las llamadas telefónicas y responder los correos electrónicos en horarios predefinidos, según sea tu horario de bloques de tiempo y no cada vez que alguien te contacte.

Además, resulta bastante conveniente aplicar la misma filosofía y esta misma estrategia de *no molestar* a cualquier notificación o alerta, así como a tu disponibilidad para tus compañeros de trabajo, empleados e incluso clientes. *No molestar* no es solo una configuración en tu teléfono. Haz que tu equipo de trabajo y quienes te conocen sepan cuándo estás disponible y cuándo no deben interrumpirte.

4. Construye un nivel de concentración óptima

Cuando ya hayas identificado tu entorno más propicio para producir y comiences el proceso de ordenar tu vida, experimentarás un aumento notorio en tu concentración, debido al hecho de haber eliminado la niebla que había en tu mente.

Ahora, lleva el proceso al siguiente nivel. Yo uso tres preguntas para mejorar mi concentración diaria. Estas son:

- ¿Qué me está funcionando de tal manera que debería *seguir haciéndolo* (o hacer más de eso)?
- ¿Qué debo *comenzar a hacer* para acelerar los resultados?
- ¿Qué necesito *dejar de hacer* de inmediato, porque me está impidiendo pasar al siguiente nivel?

Si respondes esas tres preguntas y tomas las medidas necesarias basándote en las respuestas, descubrirás un nivel de productividad que no creíste posible. Miremos en detalle cada una de las preguntas.

¿Qué deberías seguir haciendo (o hacer más de eso)?

Enfrentémoslo: no todas las tácticas y estrategias de emprendimiento son iguales. Unas funcionan mejor que otras. Otras funcionan por un tiempo y luego se vuelven menos efectivas. Y algunas otras hasta empeoran las cosas.

Es probable que, justo ahora, estés implementando muchas de las estrategias adecuadas y que, a medida que leas los siguientes capítulos, estés asintiendo porque van de acuerdo a los principios de crecimiento del emprendedor. Si ya sabes que es aquello que estás haciendo que te está funcionando, escríbelo. Por ejemplo, a lo mejor, estás encontrando clientes potenciales y cerrando tratos todo el tiempo. Entonces, escribe eso que haces en tu lista de "lo que te está funcionando". También es probable que la asistencia de tu director ejecutivo a una asociación de directores ejecutivos esté contribuyendo al desarrollo de tu empresa —añade también eso a la lista.

Asegúrate de elegir actividades que de verdad estén ayudando a hacer crecer tu empresa. Es fácil seguir haciendo lo que te *gusta* hacer, pero aquí estamos hablando de emprendimiento, por lo tanto, asegúrate de que lo que realices tenga una relación directa con producir nuevos ingresos, identificar y contratar nuevos empleados y, a la larga, ponga dinero en tu cuenta bancaria. Considera la Regla 80/20 (conocida originalmente como el Principio de Pareto), la cual indica que cerca del 80% de los resultados que obtenemos proviene del 20% de nuestros esfuerzos. ¿Cuál es ese 20% de tus actividades que impacta al 80% de tus resultados?

El hecho es que escribas en tu diario todo lo que te está funcionando y reportando resultados. (Espero que entre eso esté el haber comenzado a poner en práctica los *S.A.V.E.R.S.* de vida). Y todo lo que esté en esa lista debes seguir haciéndolo hasta que una actividad o estrategia más efectiva lo remplace.

Con respecto a esas actividades que debes "seguir haciendo" que tienes anotadas en tu lista, asegúrate de ser 100% honesto contigo mismo acerca de las que *necesitas seguir haciendo más* (en otras palabras, las que no estás haciendo lo suficiente). Recuerda que, en la medida en que aumentes uno de los mejores procesos que hayas identificado, y lo hagas durante periodos más extensos, obtendrás como resultado un mayor crecimiento global para tu empresa. Pasa de 20 a 30 llamadas al día (un aumento del 50%) y en cuestión de poco tiempo verás que tu empresa crecerá cerca del 50% y mucho más en la medida en que tus empleados comiencen a duplicar tu nivel de efectividad.

Sigue haciendo lo que te está funcionando y, dependiendo de qué tanto más deseas crecer o vender, sencillamente, haz *más* de eso.

¿Qué debes comenzar a hacer?

Cuando hayas identificado lo que te está funcionando —y hayas determinado qué de eso debes hacer más—, es hora de decidir qué *otras cosas* hacer para acelerar tu éxito.

Te haré algunas sugerencias que te servirán de impulso:

- Organiza tu base de datos de los seguimientos puntuales que les haces a tus clientes potenciales, así como a tu círculo de influencia.

Asegúrate de que tu presencia en la red sí esté impulsando tu empresa. Procura usar un servicio en línea o contrata a un experto en el tema para que optimice tus cuentas en las redes sociales, desarrolle contenido en ellas y mejore tu optimización en el uso de los motores de búsqueda.

Planea un *horario básico:* organiza un horario semanal y recurrente, con bloques de tiempo, como mencioné en el Capítulo 4. Hazlo de tal forma que al levantarte cada día tus mayores prioridades ya estén determinadas y planeadas. Luego, el domingo en la noche, haz todos los ajustes necesarios para la semana siguiente.

Ten todas las herramientas y materiales que necesitas a la mano todo el tiempo. Asegúrate de almacenarlos y remplazarlos de tal modo que siempre dispongas de ellos y estés preparado para hacer lo que haya que hacer.

- Cuando hayas identificado las actividades que consumen tiempo, pero *no* impactan tu crecimiento (en otras palabras, aquellas que son importantes, pero que no deberías estás realizando), planea tu primera (o tu próxima) contratación. Piensa en conseguir un asistente personal, un asistente virtual, un practicante o incluso en alguien nuevo en la industria que esté interesado en pasar tiempo contigo y ayudarte. Ten presente que contratar a alguien con el fin de liberar tu tiempo es una *inversión*, no un gasto. ¿Qué valdría la pena dejar de hacer para liberar suficiente tiempo a fin de aumentar tus ventas de un 20% a un 50%? Es hora de comenzar a pensar más en grande. Si no tienes un asistente, tú eres uno.

Te aconsejo que no te sientas abrumado en este punto. Ten presente que Roma no fue construida en un solo día. No es necesario que identifiques 58 elementos de acción y pienses en implementarlos todos de inmediato. La buena noticia acerca de la práctica de escribir todos los días, o de tener un diario, es que así guardas todas tus ideas. Luego, una o dos a la vez, ve añadiéndolas a tu arsenal de éxito hasta que las conviertas en realidad.

¿Qué debes dejar de hacer?

En este punto, es muy probable que ya hayas pensado qué quieres comenzar a hacer. Si estás preguntándote dónde vas a encontrar el tiempo para hacerlo, este será tu paso favorito de todos: es hora de soltar algunas de las cosas que has estado haciendo hasta ahora y que no te generan ningún resultado, y de separar así tiempo para las que sí.

Estoy casi seguro de que hay una cantidad de actividades que te agradaría dejar de hacer y que estarías agradecido de delegárselas al alguien o hasta dejar de hacerlas.

Intenta dejar de...

- Consumir alimentos que no son saludables, que drenan tu energía y te restan vida y motivación.
- Trabajar cuando estás cansado, los fines de semana y los días festivos.

- Responder de inmediato a mensajes de texto y correos electrónicos.
- Recibir llamadas telefónicas de inmediato. Deja que llegue al buzón de voz y responde cuando sea el mejor momento.
- Hacer tareas repetitivas tales como pagar cuentas, comprar alimentos varias veces a la semana o incluso limpiar tu casa.

Y si quieres mejorar tu concentración en un simple paso, intenta está fácil solución:

Deja de responder a los zumbidos y sonidos de tu teléfono y tus redes sociales como si fueras una foca entrenada.

¿De verdad necesitas recibir una notificación cuando te llega algún mensaje de texto, un correo electrónico o sucede algo en tus redes sociales? No, no lo creo. Ingresa a la configuración de tu teléfono, tableta y computadora y *apaga* todas las notificaciones.

La tecnología existe es para tu beneficio, así que contrólala a partir de ahora. *Tú* eres quien decide con qué frecuencia revisas tus mensajes de texto y tus correos electrónicos. Enfrentémoslo, somos emprendedores, no médicos en una sala de emergencia. No tenemos que estar disponibles todo el tiempo y responder de inmediato 24/7/365. Una alternativa efectiva es programar horas durante el día para saber qué está sucediendo, qué requiere de tu atención inmediata, qué actividades agregar, eliminar, ignorar o descartar en tu horario o en tu lista de pendientes.

Tu mensaje de buzón de voz les informará a tus contactos que escucharás sus mensajes al mediodía y a las 4:00 p.m. todos los días. Si el motivo de su llamada es una urgencia, entonces, podrán, y deberían, enviarte un mensaje de texto. Así, al crear las expectativas adecuadas en cuanto a tus tiempos de respuesta, tus clientes potenciales, tus compradores y los miembros de tu equipo nunca se sentirán desalentados cuando te tardes unas pocas horas en responderles.

La concentración es un hábito

La concentración es como un músculo que desarrollas con el paso del tiempo. Y, como todo músculo, necesitas ejercitarlo para que crezca. Si desfalleces, descansa, pero sigue adelante. Se te irá haciendo cada vez más fácil. Es probable que te tome tiempo aprender a concentrarte, pero, a medida que lo intentes, seguirás mejorando. En últimas, de lo que se trata es de *convertirte* en un emprendedor concentrado, lo cual comienza con el hecho de verte como tal. Te recomiendo añadirles a tus afirmaciones unas pocas líneas que incluyan tu compromiso en desarrollar una concentración máxima y lo que harás cada día para desarrollarla.

A la mayoría de los emprendedores le sorprendería ver cuán poco tiempo ha dedicado a diario para realizar actividades que de verdad sean importantes y relevantes para el crecimiento de su empresa. Hoy, o en las próximas 24 horas, programa 60 minutos para concentrarte en *la única tarea más importante en el desarrollo de tu empresa* y quedarás asombrado no solo de tu productividad, sino también de lo empoderador que es tener clara esa meta específica.

Hasta este punto, ya has añadido a tu arsenal de éxito algunos elementos de acción y áreas de concentración indispensables. Después de completar los pasos que siguen a continuación, dirígete a la siguiente sección. En ella afinaremos tus habilidades de emprendimiento y las combinaremos con los *S.A.V.E.R.S.* de vida ¡de maneras que nunca antes has escuchado o imaginado!

Pasos para poner en práctica tu concentración

Paso Uno: Elige o crea el entorno ideal que le sirva de apoyo a tu concentración. Si tu concentración es óptima cuando trabajas en un lugar público, como en un café internet, programa bloques de tiempo para trabajar en Starbuck's. Si trabajas en casa, asegúrate de implementar el siguiente paso.

Paso Dos: Despeja tu desorden físico y mental. Comienza programando medio día para organizar tu espacio de trabajo. Luego, organiza tu mente limpiando tu cerebro. Descarga todas esas pequeñas listas de pendientes que flotan en tu cabeza haciendo una lista de ellos, ya sea en tu computadora, en tu teléfono o en tu diario.

Paso Tres: Protégete de las interrupciones que tú mismo generas y de las que otras personas te generan. Limita las distracciones que te alejan de las actividades que quieres realizar. Apaga las notificaciones, pon tu móvil en modo *no molestar* y haz que tu círculo de influencia sepa que no estás disponible durante tus bloques de tiempo de concentración, pero que lo estarás de nuevo durante horas ya designadas con antelación.

Paso Cuatro: Comienza a crear tus listas de todo aquello en lo que necesitas concentración. Toma tu diario o abre un documento en la sección de Notas de tu teléfono o computadora y crea las siguientes tres listas:

- ¿Qué debo seguir haciendo (o hacer más)?
- ¿Qué debo comenzar a hacer?
- ¿Qué debo dejar de hacer?

Comienza escribiendo todo lo que venga a tu mente. Revisa tus listas y determina qué actividades automatizar, externalizar o delegar. Considera cuánto tiempo les dedicas a las principales actividades que contribuyen al desarrollo de tu empresa y a generar ingresos. Repite este proceso hasta que tengas claridad al respecto. Luego, comienza a bloquear tus días de tal forma que les dediques cerca del 80% de tu tiempo a esas actividades que sabes que te producen los resultados que esperas. Delega el resto.

Cómo mantener la concentración positiva

Algo que me gusta hacer para mantener un magnífico nivel de concentración es elaborar una lista de todo lo que he logrado durante la semana. Este es un acto de autofelicitación que sirve para hacer una pausa, dar un paso atrás y evaluar sí estoy avanzando a buen ritmo hacia los resultados deseados. También es una forma de mantener la frente en alto cuando los tiempos son difíciles, de evitar desgastarme y es un recordatorio de que yo puedo y estoy haciendo lo que me propuse hacer. No me enfoco en lo negativo, eso no tiene sentido. Mejor, aprendo de mis errores y mantengo una actitud positiva. Si defino cinco metas para la próxima semana, también escribiré cinco metas que haya logrado la semana pasada para así sentirme muy bien con respecto a mis esfuerzos. Sé que esto me ayudará a crear más impulso.

Esta forma de concentración positiva es tan efectiva que he comenzado a desarrollar algo similar con los emprendedores que entreno. Les digo que cada vez que se propongan una meta, también deben elogiarse o premiarse por alguna que ya hayan alcanzado. ¿Fijar una meta semanal? Date tú mismo una palmada en la espalda por alguna meta que hayas alcanzado la semana pasada. ¿Un proyecto trimestral que te propones hacer? Toma un momento para considerar el último proyecto trimestral que terminaste.

Esta idea nos recuerda el equilibrio inherente que hay en el yin y el yang. Los opuestos *pueden ser* complementarios y crear armonía (es decir, el tipo correcto de opuestos). Para nosotros es fácil quedar atrapados en la idea de procurar alcanzar metas mucho más altas y conquistar la siguiente montaña. Creemos, equivocadamente, que si alcanzamos la siguiente cima, entonces seremos felices. La realidad para el emprendedor es que siempre habrá otra montaña por conquistar. Así que es vital disfrutar el viaje.

Otra manera en la que mantengo la concentración es poniendo mi teléfono lejos durante la noche, así que, cuando me voy a acostar, lo dejo en la cocina o en mi estudio. Lo último que necesito es usar un dispositivo que consuma mi tiempo en mis horas cruciales de recuperación. Es más, la primera hora de la mañana no es para sumergirnos de entrada en la carrera de obstáculos del día. Tomémoslo con calma, comencemos *después* de los *S.A.V.E.R.S.* de vida, de una ducha caliente, de haber tomado una taza de café y habernos preparado para iniciar la jornada. Y si puedes posponer el uso del celular hasta después del desayuno, mucho mejor.

Si para ti es difícil, piensa en la posibilidad de usar una aplicación para formar hábitos, a fin de acostumbrarte a esta nueva rutina. Yo uso una aplicación llamada Way of Life, que me permite seleccionar los hábitos que quiero adoptar y marcarlos a medida que los realizo cada día. Uno de los hábitos al que le hago seguimiento es al de hacer los "*S.A.V.E.R.S.* de vida antes de usar el teléfono". Me sirve como recordatorio y, en sí mismo, es una forma de rendir cuentas.

Por último, para mantener mi concentración, invierto mucho en mí mismo. Es decir, cuando voy a eventos, conferencias, o me uno a un nuevo grupo, me rodeo de gente inteligente que esté haciendo cosas interesantes. Eso hace que me concentre. Si yo veo que soy la persona más inteligente en el sitio, siento que estoy en el sitio equivocado. Durante los últimos años, me he unido a algunos grupos nuevos para emprendedores de alto crecimiento y he participado activamente en ellos. Me refiero a grupos como: Genius Network, Mastermind Talks, Strategic Coach y Maverick. Son redes de emprendedores con gran impulso y bien enfocadas, siempre interesadas en ayudarme a mejorar mi vida.

Estoy de acuerdo con Jim Rohn cuando afirma: "Eres el promedio de las cinco personas con las que más pasas tiempo". ¿Con quiénes pasas más tiempo? Si inviertes tiempo y dinero en personas con alto nivel de desempeño, ganarás mucho más dinero que el que podrías obtener en el mercado de acciones. Piénsalo de esta manera: tu *red* es tu *capital neto*.

Desde luego, invertir en ti mismo va más allá de rodearte de otras personas. Yo escucho programas de audio en internet cuando salgo a trotar, lo cual me permite aprovechar al máximo el tiempo y de manera simultánea logro dos metas importantes para mi bienestar. También escucho libros en audio y esto me permite pasar tiempo de calidad en casa con mi familia, en lugar de desconectarme de ellos mientras leo en privado.

Piensa en las categorías que abarcan las principales áreas de la vida: amigos, familia, buen estado físico, finanzas y fe. Lo ideal sería tener un equilibrio entre estos pilares fundamentales, manteniéndolos en perfecta armonía en todo momento. Pero no es así como funciona el mundo. En el mejor de los casos, administrarás bien dos o tres a la vez, mientras que otras se ven afectadas. Habrá ocasiones en las que concentrarás tu atención en amigos y familia, por ejemplo, durante las vacaciones. En otras, ellos pasarán a un segundo plano para darles paso, digamos, a tu fe y a tus finanzas, como cuando oras por un inversionista de riesgo que financie tu emprendimiento.

Ahora, te daré algunos consejos que siempre me han funcionado:

1. Ten presente tu visión más vívida y tus metas anuales y trimestrales

Escribe tu visión más vívida y tus metas. Luego, compártelas con otros y vuelve a leerlas con frecuencia. Este ejercicio te ayudará a concentrarte y a realizar las acciones necesarias para avanzar hacia ellas. Selecciona los proyectos clave en los que quieres trabajar y diles no a otros proyectos que solo sean trabajo que ocupa tu tiempo. (Hablaremos más sobre la visión vívida en el siguiente capítulo).

2. Concéntrate en dos a tres tareas importantes cada día

Sí, todos tenemos una cantidad infinita de cosas por hacer, pero todo es cuestión de trabajar en las pocas que sean cruciales y no en muchas importantes.

3. Comienza tu día con tus tres tareas principales

Para asegurarte de completarlas, hazlas temprano. Tan pronto comiences a trabajar, sumérgete en esas tareas. El correo electrónico puede esperar. De hecho, habrá veces en que harás el trabajo más productivo desde antes de salir de casa hacia tu oficina. De esa manera, estás realizando tus tres tareas principales antes de tener que enfrentar las distracciones que se te atraviesan por medio de tu correo electrónico y de otras actividades.

4. Trabaja en pequeñas partes

Trata de no concentrarte en la meta general o en el proyecto completo. En lugar de ello, reduce el todo a pequeñas porciones y termínalo por pedazos. Un viejo dicho afirma que la mejor manera de comerse a un elefante es un bocado a la vez.

Si te concentras en las partes más pequeñas, no te desanimarás porque la meta sea demasiado grande. Además, tendrás menos posibilidades de distraerte soñando despierto respecto a la meta principal. Los siguientes son unos ejemplos:
- Escribir dos publicaciones de blog al día
- Hacer tres llamadas de ventas al día
- Llamar a tres clientes cada día

Esos trozos pequeños conducirán a un fuerte mercadeo social, a más clientes y a más perspectivas acerca de tu servicio al cliente. Y son tareas fáciles de completar.

5. Visualízate trabajando

Imagínate concentrado y terminando el trabajo que debes hacer. Siente que avanzas para terminar. Y luego, de repente, irás en la dirección correcta. Se ha demostrado que la visualización tiene lugar en las mismas partes de la mente como si se realizara la actividad misma.

6. Deshazte de las distracciones

Aléjate de todo lo que te distraiga. No te sientes cerca de un televisor. Aléjate de empleados o niños que estén hablando. Trabaja temprano en la mañana, antes de que alguien llegue a la oficina. Trabaja en otra parte, desde un club o una sala de juntas o desde tu patio trasero. En mi rutina, tomo las mañanas de los jueves para no ir a la oficina y son los días de mayor enfoque.

7. Utiliza la Técnica Pomodoro

Mencionada anteriormente en este libro, la Técnica Pomodoro es un método de gestión del tiempo desarrollado a finales de la década de 1980. Esta técnica usa un reloj de cocina para desglosar el trabajo en intervalos que, por lo general, son de 25 minutos y están separados por descansos cortos. Estos intervalos son denominados pomodoros, el plural de la palabra italiana *pomodoro* (tomate), debido a la forma de tomate que tenía el reloj que usaba el creador de esta técnica en sus años de universidad. El método se basa en la idea de que los descansos frecuentes incrementan la habilidad mental. Yo uso una aplicación en mi iPhone llamada Focus Time, para hacer el seguimiento de mi tiempo.

Esta técnica tiene seis etapas:

1. Decidir la tarea a realizar.
2. Fijar el conteo de minutos del pomodoro (por lo general, 25 minutos).
3. Realizar la tarea hasta que el reloj suene. Si surge una distracción en tu cabeza, escríbela, pero vuelve de inmediato a la tarea.
4. Después de que el reloj suene, haz una marca de verificación en un trozo de papel.
5. Si tienes menos de cuatro marcas de verificación, toma un descanso corto (de 3 a 5 minutos) y luego, ve al paso 1.
6. De lo contrario (por ejemplo, después de cuatro pomodoros), toma un descanso (de 15 a 30 minutos), vuelve a iniciar tu conteo de marcas de verificación y ve al paso 1.

Perfil de emprendedor

Joey Coleman

La compañía de Joey Coleman es Design Symphony.

Sus mayores logros en los negocios son:

- Joey es uno de los oradores mejor calificados en muchas competencias nacionales e internacionales con autores de *bestsellers* del *New York* Times, así como con celebridades y famosos del mundo del internet.

- Ha ayudada a muchos clientes emprendedores a lograr ingresos de 7 a 8 cifras.

- Tuvo una carrera ecléctica, trabajando para el Servicio Secreto de los Estados Unidos, la Casa Blanca y la CIA; practicó leyes de defensa criminal en una firma privada; enseñó a profesionales como parte de un programa de educación para ejecutivos e inició y dirigió por diez años una exitosa firma de experiencia de marca.

- Ha creado y mantenido un emocionante portafolio de diseño y clientes de sus conferencias que incluyen NASA, Zappos, el Banco Mundial, Save Darfur Coalition, el Instituto de Tecnología de Massachusetts, Deloitte, YouTube, y Google.

- Ha entrenado a directores ejecutivos, oradores profesionales y medallistas olímpicos en el desarrollo de habilidades de oratoria y presentación.

Cada mañana, su rutina consiste en:

- Joey se levanta alrededor de las 8:30 a.m.
- Ojea Facebook.
- Luego escribe en su Five Minute Journal.
- Toma una ducha y se viste mientras piensa en sus planes para el día y revisa su horario.
- Acto seguido, toma su comida de la mañana, que consiste en una barra nutritiva, Berry Suja Juice y 80 onzas de agua.
- Pasa tiempo jugando con sus hijos.
- Luego, revisa los titulares del día en línea.
- Después, revisa sus correos electrónicos y contesta los que más pueda en el lapso de una hora.
- Por último, trabaja a fondo en sus proyectos.

Sección III

Los principios de crecimiento del emprendedor

— 7 —
Principio #1
Crea una visión vívida

"La mente del ser humano es capaz de lograr todo aquello que conciba y crea".
—Napoleon Hill

Una de las habilidades más cruciales que los emprendedores necesitan dominar es la de saber cómo aclarar y comunicar su visión para que quienes los rodean también la vean como ellos la ven.

Muchas personas crean metas para el futuro, pero la mayoría no tiene una visión que acompañe esas metas: no saben cómo se verá su vida ni sus empresas cuando alcancen eso que se proponen lograr. Por ejemplo, si la meta es triplicar o cuadruplicar los ingresos, ¿qué impacto tendría esto en la compañía? ¿Cuántos colaboradores sería necesario contratar para lograrlo? ¿Tendría que cambiar de instalaciones? ¿Necesitará más de una ubicación? ¿Ofrecerá diferentes servicios? ¿Cómo será todo ese proceso? Si crear una imagen de tu compañía vale mil palabras, crear la que yo llamo una visión vívida de tu compañía vale mucho más.

Crear esta visión vívida es el primer paso para duplicar el tamaño de tu compañía. Parece una tarea simple, pero, para experimentar esa visión, es necesario algo más que tan solo mirar las cifras de tu empresa. La mayoría de los emprendedores descubre que es necesario contar con un conjunto de habilidades que difieren en gran manera de las que ellos suelen usar. Por esta razón, a lo largo de este capítulo, te mostraré como desarrollar esas habilidades y crear la visión vívida para tus metas.

Sin embargo, antes de dedicarle tiempo y energía a crear una visión vívida de cómo será tu compañía dentro de tres años, debes entender que no basta con crear esa visión. Es necesario que todos en tu organización entiendan y se enfoquen en esa misma visión y esta debe tener un enfoque muy agudo. Si tú y tus empleados no tienen la misma imagen de cómo ha de verse tu compañía, ni saben cómo será dentro de tres años, es poco probable que llegue a ser tal y como hoy te la imaginas.

Enfocándote en el futuro

¿Alguna vez has observado a los atletas de salto alto antes de una competencia? La próxima vez que veas los Juegos Olímpicos o los campeonatos mundiales de pista y campo, obsérvalos. La mayoría de ellos se queda quieta antes de iniciar su carrera hacia la barra. Lo que ellos hacen es cerrar los ojos y, a menudo, mueven la cabeza hacia arriba y hacia abajo. Incluso, lanzan su cabeza hacia atrás mientras concentran su mente y se imaginan corriendo hacia la barra y empujando su cuerpo por encima de esta. Luego, abren los ojos, miran fijamente a la barra y recrean en la realidad lo que acaban de visualizar. Lo que esto demuestra es que ellos usan la concentración y la visualización para lograr los resultados que desean e, imaginando los obstáculos que puedan enfrentar a lo largo del camino, se preparan para el desafío a nivel tanto mental como físico.

Sería bueno que aplicaras en tu empresa las técnicas de concentración y visualización que usan los atletas. Si tú y tus empleados no están preparados en todos los aspectos posibles para superar los obstáculos que enfrentarán a lo largo del camino hacia sus metas, se les dificultará alcanzarlas.

Conocí este proceso de visualización en un almuerzo organizado por Young Entrepreneurs' Organization (ahora llamada Entrepreneurs'

Organization o EO) en 1998. En ese momento, entendí todo este proceso como una estrategia para enfocarse en el futuro. Desde entonces, he escuchado a otros emprendedores describir la visualización de la misma manera. Es claro que para otros que no lo son también tiene sentido asumir el proceso de igual manera.

Desde aquella vez, he venido aprendiendo más al respecto con un entrenador olímpico que además es sicólogo deportivo y es así como he afinado la técnica mediante la práctica hasta alcanzar gran éxito en ella en muchos entornos de negocios.

Las personas responden a un desafío y es innegable que una visión vívida les da justo eso. Cuando los empleados logran ver cómo será la compañía en tres años, tienen más claridad acerca de lo que pueden hacer para involucrarse en el proceso y añadir valor.

El trabajo es gratificante cuando los miembros de un equipo sienten que están aportando a una visión común. La visión vívida permite que todos en la compañía sientan que son parte de ese plan general y que vean con la misma claridad lo que cada uno está viendo, incluyendo el director ejecutivo. Es decir, todos sienten que están en el mismo entorno, porque así es.

Cuando te inclinas y te aferras a una visión clara para el éxito, es más probable que lo logres. Por tal razón, es esencial que te concentres, que desarrolles tu visión y les compartas a tus empleados, proveedores, accionistas e incluso a tus clientes cómo se verá tu empresa en cada etapa de su crecimiento. No hablo de una lista de pendientes, ni de un plan de cinco años, ni de una declaración de visión. Las declaraciones de visión tienden a ser escritas por un grupo de personas que se reúnen para escoger las palabras que mejor describen su empresa. Luego, ellas mismas redactan una visión en una frase o declaración de misión para la compañía que a nadie le importa y que no vuelven a leer jamás.

En cambio, una visión vívida es mucho más que eso. Surge cuando un emprendedor, fundador, director ejecutivo —o como sea que te denomines— pone un pie en el presente y luego se inclina y pone el otro pie en el futuro, en el territorio de lo que podría ser.

En mi opinión, tres años es el mejor periodo a usar cuando se trata de crear una visión vívida. Este margen de tiempo es suficiente para desarrollar esa visión de manera realista y alcanzable, y también para implementar ideas innovadoras y expansivas. Como resultado, los empleados entienden qué y cómo hacer para dejar su huella en las metas generales y diarias a la vez que se esfuerzan con mayor entusiasmo por hacer realidad y más exitosa esa imagen futura que les has descrito.

Al final del proceso, tu visión vívida consistirá en un documento de tres a cuatro páginas que describa lo que harás en tres años para lograr que tu empresa sea, por lo menos, el doble de grande con respecto a su tamaño actual. Parece fácil de producir, pero no lo es.

Cómo crear tu visión vívida

El primer paso para crear una visión vívida es comenzar a reflexionar sobre ciertas preguntas. Por ejemplo, cuando miras hacia el futuro, ¿qué ves? No te preocupes por cómo vas a construir tu visión. Más bien, concéntrate en describir lo que ves durante los próximos tres años. Un ejercicio útil es imaginarte que estás filmando cada aspecto de tu empresa: tus empleados, clientes, relaciones con los proveedores y otros aspectos similares. Rueda la película en tu mente. ¿Cómo se ve el cuadro completo con todos los detalles dentro de tres años?

Para responder a estas preguntas de la visión vívida, vas a tener que liberar tu mente de las preocupaciones cotidianas de dirigir tu empresa y darte la libertad y la concentración necesaria para visualizar el futuro, así como los atletas olímpicos visualizan su desempeño en la competencia.

Los siguientes son algunos pasos para comenzar por el camino correcto. Aunque para definir tu visualización vívida solo escribirás de tres a cuatro páginas, estas son las más importantes que escribirás en tu vida.

Sal de tu oficina

Para crear la visión vívida de tu empresa es necesario que salgas de tu oficina o lugar de trabajo. Si tratas de concentrarte en alguna parte de las instalaciones, ya sea sentado frente a tu escritorio o en la sala de juntas, es muy probable que termines inmiscuido de nuevo en tu rutina de trabajo e interrumpiendo tu ejercicio de mirar hacia el futuro, limitando tu mente a otras cosas, lo cual es la antítesis de lo que necesitas hacer. Así que olvida las cifras actuales, las tareas diarias, las obligaciones y las amenazadoras preguntas acerca del *cómo*. Solo libera tu mente.

La mejor manera que he encontrado para iniciar el ejercicio de adquirir una visión vívida de mi negocio es poniéndome en contacto con la naturaleza: sentarme en la playa, ir a un bosque, encontrar un punto en las montañas o incluso acostarme en una hamaca en el patio de atrás. Entonces, hago dibujos y escribo (de hecho, eso fue lo que hice cuando escribí la visión vívida de mi compañía, la que creé para ayudar a emprendedores a hacer realidad sus sueños).

Apaga tu computadora

No uses la computadora para redactar la visión vívida inicial de tu compañía. Si lo haces, podrías estancarte en infinidad de correos electrónicos y tareas diarias. En lugar de ello, usa lápiz y papel. Escribir a mano tiene algo de magia. Yo usé una libreta de gráficos con papel sin líneas. En un comienzo, me fue difícil pensar en abstracto porque soy muy inclinado a usar mi lado izquierdo del cerebro. Lo cierto es que terminé dándole la vuelta a la libreta para usarla en posición horizontal y escribiendo allí mis ideas acerca de cómo se vería mi empresa dentro de tres años.

Piensa DÓNDE, no CÓMO

Mira el camino que tienes por delante. No te concentres en cómo harás que suceda. Cuando yo era director de operaciones de 1-800-GOT-JUNK?, fui intencional en nunca participar en la creación de la visión vívida porque yo era el encargado del *cómo*. En contraste, el fundador de la compañía, Brian Scudamore, era la persona enfocada en el *dónde*: él se encargaba de examinar el camino que había por delante para ver hacia dónde quería dirigir la compañía. Si yo hubiese participado en crear la visión, me habría interpuesto en el camino pensando siempre en *cómo* íbamos a hacerlo realidad. Ahora, sé cómo salirme del camino del progreso y dejar de preguntar cómo todo el tiempo.

Me gusta hacer uso de una técnica llamada mapa mental, la cual no consiste mucho en escritura formal, sino en poner pensamientos en el papel para después darles forma. Hacer mapas mentales te permite generar toda clase de ideas sin tener que dar explicaciones o estrategias sobre cómo alcanzar la meta deseada.

Entra a tu zona de estiramiento

Para mí, es un poco difícil ser creativo, pero no imposible. Crear una visión vívida requiere que entres a tu zona de estiramiento —te animo a que lo hagas—. Para asegurarte de estar siendo creativo, permite que fluyan a tu mente ideas locas, que suenen demasiado extravagantes como para compartirlas en una reunión o incluso para considerarlas con seriedad. Sin embargo, cuando tu meta es liberar tu creatividad, el siguiente es un buen principio: si lo que estás pensando durante una de estas sesiones parece estrafalario o poco probable, lo más seguro es que deberías incluirlo en tu visión vívida.

La lista de verificación de la visión vívida

Imagina que viajas al futuro en una máquina del tiempo. La fecha es diciembre 31. Tres años a partir de ahora y te encuentras caminando por las oficinas de tu compañía con una hoja de papel y un lápiz en tu mano.

- ¿Qué ves?
- ¿Qué oyes?
- ¿Qué dicen tus clientes?
- ¿Qué dicen los medios acerca de ti?

- ¿Qué tipo de comentarios hacen esos empleados que se encuentran conversando reunidos alrededor del dispensador de agua?
- ¿Qué se dice acerca de ti en tu comunidad?
- ¿Cómo es el mercadeo? ¿Ya estás comercializando tus bienes y servicios a nivel global? ¿Estás lanzando nuevos anuncios online y en televisión?
- ¿Cómo está operando la compañía hoy? ¿Está organizada y funciona como un reloj?
- ¿Qué clase de actividades desarrollas cada día? ¿Estás concentrado en la estrategia, en desarrollar tu equipo, en las relaciones con los clientes, etc.?
- ¿Qué revelan los estados financieros de la compañía?
- ¿Cómo es tu financiamiento ahora?
- ¿De qué manera tus empleados reflejan tus principales valores?

Incluye cada área de tu negocio: cultura, personal, mercadeo, relaciones públicas, ventas, TI, operaciones, finanzas, producción, comunicación, servicio al cliente, ingeniería, valores, compromiso de los empleados, balance entre la vida personal y el trabajo, etc. Cubre también las interacciones que tendrás con las partes interesadas. Recuerda que estás visualizando estos aspectos de tu compañía después de haber duplicado su tamaño.

Una vez logré plasmar en papel todas las ideas que había en mi cabeza, pude escribir una descripción de tres páginas acerca de lo que había generado por medio de mi mapa mental y organicé mis descripciones por áreas.

Tu visión vívida debería ser un documento escrito de unas tres páginas, que describa con detalle lo que el ejecutivo de mayor rango de la compañía visualiza respecto a cómo esta se verá y se sentirá dentro de tres años, sin dar detalles de cómo se construirán o pondrán en su lugar todos y cada uno de los elementos de la visión. En otras palabras: describe cómo se ve el futuro, no cómo vas a llegar allá.

Consigue apoyo

Cuando termines tu visión vívida, compártela con tus empleados, proveedores, banqueros y abogados. Luego, comienza a ver cómo las personas se alinean con tus metas y cómo tu visión comienza a hacerse realidad.

Este paso es increíblemente benéfico para tus empleados, porque ellos van a usar tu visión vívida como medio para entender su función en el cuadro general de la empresa. Incluso he visto que áreas de negocios de compañías crean su propia versión de una visión vívida que luego encaja con la visión global. En general, compartir tu visión vívida con el personal interno los impulsará a ellos a tomar decisiones de manera inconsciente que estén en línea con ella. Luego, otras personas ajenas a la compañía con quienes compartas tu visión vívida también te ayudarán de manera consciente a hacerla realidad porque verán que los empleados están impulsados por la claridad con la que les compartiste esa visión a futuro.

Aférrate a la visión vívida de tres años

La principal razón para mantener el plazo de tres años es que los periodos más extensos tienden a parecer abrumadores. Míralo de esta manera: para crear una visión vívida debes mantener un pie firme en el presente mientras el otro se extiende y tantea el suelo del futuro. Si vas mucho más allá de tres años, perderás el equilibrio y te caerás. Así que mantén la perspectiva de los tres años y escribe lo que ves. Seis meses antes de finalizar el periodo de tres años, comienza a crear tu siguiente visión vívida.

Consulta con frecuencia tu visión vívida

Con el tiempo, la toma de decisiones de tu compañía se alineará con tu visión vívida. Te sugiero que les pidas a todos tus empleados y proveedores que la lean durante el año. Un momento perfecto para hacerlo es al inicio de un retiro de planeación trimestral. He encontrado que en estos retiros es útil hacer que cada persona lea en silencio la visión vívida y encierre en un círculo las palabras o frases clave que más le llamen la atención.

Luego, camina a lo largo y ancho del recinto donde se está realizando el retiro e invita a cada asistente a que lea en voz alta lo que resaltó en su hoja. Este ejercicio proporciona alineación para todo el equipo antes de que inicie el proceso de intercambio de ideas y es una herramienta útil para ayudarte a planear y priorizar proyectos futuros. En MCI, una asociación global con base en Génova y socia en las áreas de comunicaciones y gestión de eventos, cuya visión vívida comparto a continuación, los empleados leen una sección de la visión vívida de la compañía antes de comenzar una reunión de tres o más miembros del equipo. Ellos son obsesivos con respecto a mantener el enfoque en su visión, así que todas las decisiones y conversaciones giran en torno a ella.

Cuando te hayas comprometido a trazar tu visión para el futuro y darle color a esta imagen, estarás bien equipado para aplicarle ingeniería inversa a tu propio éxito.

Las cinco metas anuales esenciales

Como se mencionó, la visión vívida es el primer paso, y podría decirse que es el más importante, en el desarrollo de un enfoque para tu empresa. Si tú como emprendedor vuelves a leer tu propia visión vívida cada mes, estarás seguro de que tanto tú como quienes te rodean están enfocados en hacerla realidad. Si te aseguras de que tus empleados, clientes y proveedores la lean, como mínimo, cada tres meses, lograrás que ellos mantengan el enfoque y que también la estén haciendo realidad. Sin embargo, eso no es todo. La visión sin ejecución es alucinación. Estoy casi seguro de que Thomas Edison fue el primero en citar esas palabras. Y yo las aplico a mi vida. Lo cierto es que, tan importante como la visión vívida, lo es también el hecho de que necesitamos determinar cómo hacerla realidad. Y todo comienza con trazar metas que nos lleven a ese punto.

Considera que la visión vívida se desarrollará en un periodo de tres años. Eso significa que más o menos el 33% de esa meta se alcanzará en el tercer año; el otro 33%, en el segundo año y el 34% restante en el primer año. Con esta información en mente, decidirás qué metas necesitas impulsar para terminar con fuerza el primer año.

El siguiente paso es identificar las cinco metas anuales principales que alcanzarás para ayudar a que tu visión vívida sea fructífera. Yo entreno a todos los emprendedores para que establezcan una meta medible para cada una de estas áreas. Y con medible me refiero a que la meta escrita para cada área debe incluir el símbolo pesos ($), el símbolo número (#) o un símbolo de porcentaje (%). De lo contrario, la meta no es lo suficientemente específica. Y las metas vagas producen resultados vagos.

Además, yo tengo una manera de pensar diferente a la de la mayoría de los emprendedores en cuanto a trazar metas que me hagan más exitoso. Lo que hago es fijar metas y luego identifico cómo hacerlas realidad. La mayoría de personas no anticipa primero en dónde va a terminar. En cambio, yo primero decido dónde quiero terminar y luego creo el plan que me llevará a ese punto.

Las cinco metas que debes definir incluyen:

- Ingresos
- Utilidades
- Compromiso de los clientes
- Compromiso de los empleados
- Empuje estratégico

Cuando las establezcas, deberías considerar esta información:

Ingresos: Dónde quieres que estén tus ingresos dentro de tres años. Trabaja en reversa partiendo de ese punto. Digamos que hoy tus ingresos son de $1 millón y en tres años quieres que sean $5 millones. Si trabajas en reversa, verás que los ingresos del segundo año deben ser de $3 millones y los del primer año deben ser de $2.

Utilidad: Similar a los ingresos, comienza con el final en mente. ¿Cuánto dinero quieres tener dentro de tres años? Según esa cifra,

¿cuánto dinero necesitas hacer dentro de dos años? ¿Y dentro de un año? La cifra de utilidades del primer año es la meta para el próximo año.

Así, verás hacia dónde te diriges. Pensar en tres años y aplicarles ingeniería inversa a las metas te da la imagen general a la que le estás apuntando. Cuando tengas establecidas todas las cinco metas, entonces podrás definir qué proyectos necesitarás desarrollar para alcanzarlas.

Compromiso de los clientes: Este es fácil —solo necesitas una cifra—. Se llama Puntaje Neto de Promotor (PNP) La realidad es que la mayoría de las compañías no sabe cómo medir la satisfacción de sus clientes y, cuando lo hace, usa la cifra equivocada (como un puntaje promedio de 10). La cifra que yo uso se basa en el cálculo del PNP:

Calcula tu PNP usando las respuestas de tus clientes a una sola pregunta: en una escala de 0 a 10, ¿qué tan probable es que le recomiendes a [nombre de la compañía] a un amigo o colega? Esta es denominada la pregunta del puntaje neto de promotor o la pregunta de recomendación. Las respuestas se agrupan de la siguiente manera:

- *Los promotores* (puntaje de 9 a 10) son entusiastas leales que seguirán comprando, enviando referidos e incrementando el crecimiento.

- *Los pasivos* (puntaje de 7 a 8) están satisfechos, pero no son clientes entusiastas y son vulnerables a ofertas competitivas.

- *Los detractores* (puntaje de 0 a 6) son clientes descontentos y dispuestos a hacerle daño a tu marca e impedir su crecimiento mediante propaganda negativa.

Si restas el porcentaje de los detractores del porcentaje de los promotores, tendrás el Puntaje Neto de Promotor, que puede estar entre un -100 inferior (si todos los clientes son detractores) hasta un elevado 100 (si todos los clientes son promotores).

Todos mis clientes procuran llegar a un punto entre 50 y 80 PNP. No es fácil, pero, cuando sabes dónde estás como punto de referencia al hacer una encuesta inicial, es más factible establecer una meta en cuanto a dónde quieres llegar este año.

Compromiso de los empleados: Esta es una meta de suma importancia y, a menudo, se pasa por alto. Cuanto más felices sean tus empleados, más felices serán tus clientes y más rentable será tu compañía. En este caso, también uso el mismo cálculo de PNP en el que me baso para medir la satisfacción de los clientes. La diferencia es que les hago esta pregunta: ¿qué tan probable es que le recomiendes a [nombre de la compañía] a un amigo o colega como un buen sitio para trabajar?

Empuje estratégico: Esta meta suele ser más difícil de concebir. Es un nuevo impulso estratégico que estás haciendo para la compañía. Por ejemplo, en la actualidad, estoy esforzándome por alcanzar la afiliación de los primeros 50 miembros de COO Alliance, el grupo de mentes maestras que ya he mencionado. Así que mi meta es tener 50 miembros en COO Alliance para diciembre 31 de este año. El año pasado, mi meta fue tener tres nuevos libros publicados en Amazon. De manera estratégica, ambas metas impulsaron mi marca y crearon nuevos canales de ingresos. Ambas son estratégicas en su naturaleza y están fuera de mi área de enfoque. Hace años, cuando creé 1-800-GOT-JUNK?, una de nuestras metas anuales de empuje estratégico fue hacer presencia en las 30 principales áreas metropolitanas de los Estados Unidos para el año 2003. Nos esforzamos por alcanzar esa meta sabiendo que, cuando estuviéramos en todos los mercados principales, para la competencia sería difícil alcanzar tracción. Al esforzarnos y enfocarnos, alcanzamos las 30 áreas que nos habíamos propuesto. De hecho, en diciembre 17 de 2003, firmamos con la 30ª ciudad, Madison, en Wisconsin.

Tener plena claridad en torno a estas metas anuales es esencial para cada emprendedor. Ten presente que en este momento no es importante cómo vas a alcanzarlas. Eso lo resolverás después. Para comenzar, debes establecerlas y compartirlas con tu equipo y con las personas a quienes les rindes cuentas. Cuando trazo una meta anual para cada una de esas cinco áreas, primero, pienso en la meta para cada área dentro de tres años, dos años y luego un año. Es decir, trabajo en reversa partiendo del punto en el que quiero estar, en lugar de proyectarme partiendo desde donde estoy hoy.

Después de establecer tus metas anuales, las cuales se basan en tu visión vívida, planea cada meta del año en curso y también cada trimestre. Usa tu propio proceso y darás en el blanco. Sin embargo, te compartiré un esquema general.

Desarrolla un plan identificando no más de 10 proyectos clave que te ayuden a alcanzar esas cinco metas anuales. Planea tu trabajo y realiza tu plan. Busca los frutos más cercanos. Yo busco los proyectos de fácil implementación que harán avanzar a la compañía y crearán impulso.

Por ejemplo, dedico mucho tiempo aprovechando relaciones públicas gratis porque estas generan el mayor beneficio comparadas con lo que cuestan, por así decirlo. Procuro buscar la mayor cantidad posible de entrevistas en medios porque estas me dan visibilidad e impulso, producen ingresos, rentabilidad, crean compromiso, no me cuestan dinero y exigen poco tiempo.

Con demasiada frecuencia, los emprendedores suelen concentrase en proyectos que harán realidad sus metas, pero que son más complejos de lo necesario. En lugar de eso, les sugiero que busquen proyectos de fácil ejecución y que no sean costosos porque el impulso crea más impulso. Por lo general, es posible acercarte a tus metas o alcanzarlas con menos. Y la energía que produce iniciar y terminar un proyecto simple suele crear más impulso y mayores resultados que intentar hacer realidad un proyecto grande, difícil y complejo.

También, limito los proyectos a 10 por año. La realidad es que es probable que hagas más, pero al concentrarte en esos 10, los terminarás todos y luego podrás añadir otros a tu lista. Es clave mantener el enfoque. Si comienzas con una lista de 20 proyectos, es bastante factible que llegues a sentirte abrumado, distraído y, en términos generales, hasta harás menos. Así que, en este punto, menos es más.

Continúa desglosando las metas y los proyectos en proyectos más pequeños y en tareas que puedas completar en el orden más lógico a fin de terminar más rápido. Por ejemplo, una meta anual se convierte en cuatro metas trimestrales más pequeñas. Las metas trimestrales se convierten en tres metas mensuales más pequeñas. Cada semana, cuando mires tus proyectos estratégicos para el mes y el trimestre, decide en orden de impacto cuáles son esas cinco tareas que debes realizar para avanzar o finalizar esos proyectos. Comienza con los elementos grandes, luego encárgate del trabajo que consume tiempo. Comprometerte en tres a cinco de las tareas más importantes cada día te ayudará a alcanzar tus metas más grandes del trimestre y del año.

Cómo desplegar tu visión vívida

Despliegue interno

Cuando los demás leen tu visión vívida, deberían experimentar asombro y maravilla. Si sus bocas no se abren, lo más fijo es que no estás pensando en grande tanto como deberías. Los planes pequeños, seguros y calculados no inspiran acciones extraordinarias. Imagínate cómo reaccionarían los asistentes a la reunión el día que Elon Musk anunció que quería que su Modelo S subiera de 0 a 60 millas por hora en 2,8 segundos en algo que él denominó modo ridículo. Alguien debe haber pensado: "¡Hombre, estás loco!".

Por lo tanto, sal de tu zona de comodidad y entra a tu zona de estiramiento. Si no sientes mariposas, nadie más las sentirá. Los demás tienen que compartir tu entusiasmo. Al fin de cuentas, esa es la razón por la cual estás creando tu visión vívida. No se trata de sentirte abrigado y cómodo con tu propio tablero de visión personal que nadie más entiende. Vas a desplegar esta visión para que el mundo la vea, así que sé audaz cuando lo hagas.

Durante la presentación, es importante informarles a los asistentes que algunos de los eventos dentro del documento sucederán más pronto que otros. Algunos no se verán realizados sino hasta el final de los tres años. ¡Lo más probable es que esos necesitarán cosas que todavía no existen! Quizá, necesites apoyarte en tecnologías que van a inventarse, a actualizarse o que serán asequibles más adelante. En ese sentido, se trata de una visión apilable, que se construye desde el cimiento, pasando al piso, los muros y hacia arriba, igual que la casa de tus sueños.

Si no les recuerdas a los demás que para llegar a tres años en el futuro primero es necesario lograr ciertas metas durante el primero y el segundo año, es probable que ellos ignoren ese hecho y asuman que estás loco. Es como decirle a un chico de 13 años cómo será su vida a los 16; ni siquiera puede visualizarla todavía, se ve tan lejana y el mundo habrá cambiado muchísimo de aquí a allá.

Comparte tu visión vívida con todos en la compañía

Comienza con el despliegue interno. Comparte tu visión vívida con tus empleados, con los miembros de la junta directiva y con todos los que estén al interior de la compañía. Es importante comenzar a nivel interno para asegurarte de que todos los integrantes del equipo la entiendan bien y les emocione antes de presentarla al mundo exterior.

Todos los que hagan parte de la compañía deben ver, sentir y respirar esa visión porque ellos son los puntos de contacto con el mundo exterior. No quieres que un proveedor se emocione con tu visión y llame a un empleado que no tenga idea de qué le están hablando. Así que la organización debe ser la primera en entender y adoptar por completo la visión.

Luego, procura esperar un trimestre para ejecutar tu presentación externa.

Hazlo de manera personal y junto con tu equipo. Trata de hacer que todos estén presentes. Esto, desde luego, dependerá del tamaño de tu organización. Si es una compañía de 30 personas, es fácil hacer que todas estén presentes. Si tienes una compañía de 500 empleados, lo más viable será que segmentes la reunión por departamentos y que modifiques la presentación descrita a continuación. Si tu organización es de 20.000 trabajadores, ¡tendrás que ser creativo! Comienza con una copia física de la visión vívida. Haz que todo el grupo la lea en voz alta, pidiendo que cada uno lea una porción hasta haber terminado todo el documento.

Mientras leen, el trabajo del director ejecutivo es evaluar la reacción de los presentes. ¿Quién está comprometido, emocionado involucrado? ¿Quién no? Este último grupo es el que debe encender tus alarmas. Quizá, no sean los trabajadores más adecuados para pertenecer a tu compañía o tal vez no entendieron tu visión. Así que tu misión es averiguarlo.

Después que todos en el grupo hayan leído todas las páginas, anímalos a encerrar en círculos las frases y oraciones que más les emocionen, las que más los inspiren e invítalos a que las compartan con el grupo.

Recuerda que este no es un foro para discusión o debate. El objetivo de la actividad es hacer que los empleados entiendan hacia dónde quiere dirigir la organización el director ejecutivo. En reuniones posteriores habrá oportunidades para hablar sobre cómo se hará realidad cada afirmación, pero, por ahora, es necesario que la visión vívida quede bien entendida y sea una fuente de admiración e inspiración. Tu intención es hacer que todos piensen "*¿qué tal si...?*" y se involucren en tu visión vívida.

Ten presente que el viaje dura tres años. Cada nuevo trimestre debes desglosar la visión vívida una vez más y volver a leerla. Ábrela en un documento Word y resalta en verde cualquiera de los elementos que han cobrado forma. Luego, resalta en amarillo aquellos en los que estás trabajando ahora. Has que todos vean cómo el futuro va tomando forma.

Luego, revisa cada frase y decide qué proyectos debes abordar y las acciones necesarias para lograrlos. Esto determinará cómo se ha de ver tu trimestre y podrás trazar un curso de acción según estas frases que funcionan como tu mapa.

Este ejercicio hará que todos en la organización tengan la misma perspectiva y estén alineados. Además, los volverá a inspirar y les ayudará a mantener el enfoque. Permite que todos comiencen a identificar qué deben hacer hoy para alcanzar las elevadas metas que están procurando alcanzar como grupo.

Después del despliegue interno, sugiero que esperes alrededor de un trimestre para comenzar a presentarla al mundo exterior. El despliegue externo les presentará el documento a los empleados potenciales, clientes, proveedores, futuros proveedores, banqueros, abogados y, desde luego, a los medios.

Los empleados potenciales leerán tu visión vívida y se sentirán emocionados por ser entrevistados para un empleo o, de inmediato, sabrán que la tuya no es la clase de compañía para la que quieren trabajar.

A los proveedores les emocionará trabajar contigo y, quizás, incluso logres mejores precios que los previstos porque pueden ver hacia dónde llevas la compañía en el futuro. Cuando tus proveedores captan el entusiasmo, empiezan a suceder cosas fabulosas.

He visto banqueros financiar una operación basándose únicamente en la visión vívida porque, por primera vez, entienden qué es lo que hace la compañía. Los estados financieros o una reunión con el director ejecutivo no siempre presentan una imagen clara.

He firmado contratos con clientes potenciales porque les ha emocionado mucho cómo se va a ver la compañía en el futuro. Ellos apuestan por el futuro de su empresa y no por su condición actual.

Obtienes apalancamiento cuando compartes tu plan con los medios. Tu intención es que ellos relaten tu futuro en lugar de hablar de cómo es hoy. Cuando los medios comienzan a hablar acerca de cómo se verá la compañía en tres años, la gente presta atención.

Todos quieren darle una mirada al futuro y es por una buena razón. Cualquiera que sea la interacción de un cliente con una compañía, es probable que esta implique una relación que durará un año o más. Así sea una sencilla garantía de fabricante, el cliente quiere saber que la compañía todavía estará presente en un año.

El siguiente es un ejemplo concreto: digamos que vas a rentar una vivienda en un condominio y, cuando entras a la unidad modelo, los pisos están sucios, las paredes necesitan pintura y la iluminación está en mal estado. Ante ese panorama, no tendrás deseos de rentar el lugar. Pero qué si el propietario te dice: "A propósito, mañana instalaré pisos nuevos, pintaré la próxima semana y cambiaré todas las tomas de las luces. Permítame mostrarle el sitio del lado que fue reacondicionado la semana pasada". Ante esto, te sentirás diferente porque le has dado un vistazo al futuro. Y este es el propósito de compartir la visión vívida con el mundo exterior. Otros verán lo que tú ves.

Si has tenido la audacia suficiente en tus ideas, tu visión vívida producirá dos efectos: atraerá a algunas personas y repelerá a otras. Observa que dije que atraerá y repelerá, no *o* repelerá. Tu visión vívida debería comportarse como un imán, atrayendo a algunos y alejando a otros, (espero que no a muchos). Si tu alcance es demasiado corto, muy tímido, muy diluido, si les agrada a todos, entonces, a nadie le va a encantar. Si ese es el caso, habrás fallado.

Sé revolucionario, no evolucionario

¿Recuerdas cuando Apple lanzó el iPhone? Muchos pensaron que la compañía se había enloquecido porque no tenía teclado. *¿Cómo puedes lanzar un teléfono inteligente sin teclado? Esto es absurdo.*

Sin embargo, a otros les gustó. Y no solo les gustó, les encantó y se autodenominaron clientes leales y devotos de Apple e hicieron largas filas para asistir a los lanzamientos de productos con otros clientes que pensaban igual.

Entre tanto, los que odiaban el iPhone solo veían el efecto que el dispositivo estaba teniendo en el resto de la industria. Otras compañías intentaron copiar el diseño y competir en un mercado que Apple había conquistado porque comprendieron que los teclados no tardarían en ser obsoletos, al igual que las videocasetes; con el tiempo se vieron forzadas a unirse a ese sistema, ya fuera voluntariamente o a regañadientes.

Si Apple hubiese tratado de agradar a todo el mundo cuando diseñó el revolucionario teléfono, habría hecho una versión más pulida del Blackberry de la época. Por lo tanto, si quieres inspirar a otros, esfuérzate por plantear una visión audaz como esta y da por hecho que habrá toda clase de reacciones. Después de todo, el futuro asusta a quienes se han acomodado mucho al presente.

El 15%

En una ocasión, trabajé con un cliente en el despliegue interno de su compañía. El director ejecutivo se puso de pie y dijo: "Cerca del 15% de ustedes va a odiar lo que está por escuchar. No le va a gustar lo que le depara el futuro, pero está bien. Quizás, este sea el momento correcto para que renuncien".

Sin duda, alrededor del 15% de sus empleados renunció. Dos años después, su compañía fue clasificada como la segunda mejor compañía para trabajar en British Columbia (lo curioso es que la primera mejor compañía para trabajar fue otro cliente mío que también había inspirado a todo su personal con una intrépida visión vívida).

Está bien perder colaboradores que no entienden tu visión vívida. Para comenzar, te conviene no tenerlos cerca. Es mejor saber desde el primer día que no están alineados contigo que tratar de animarlos durante dos años y experimentar muchas frustraciones mutuas.

Lo mismo es cierto con tus empleados potenciales. Ellos leerán el documento y pensarán: "Claro que sí, quiero una entrevista en esa empresa" o "*Claro que no, no quiero acercarme a ese sitio*". Así, no desperdiciarás tiempo entrevistándolos, ni dinero contratándolos, ni entrenándolos. En conclusión, cuando todos vean hacia dónde te diriges, ahorrarás tiempo y dinero.

Un último punto al respecto. La visión vívida es como los Diez Mandamientos en el sentido de que está escrita en piedra. El único momento en que debería cambiarse es si hay una transformación grande y masiva en la industria o si tu compañía realiza un giro de 90 grados; si se presenta una crisis financiera a nivel mundial y tu mundo queda al revés, o si tus instalaciones colapsan.

De lo contrario, eres un barco cruzando el océano, virando a izquierda y a derecha, esquivando icebergs cuando es necesario, pero siempre avanzando en la misma dirección general. No te preocupes si algunas de las frases incluidas en tu visión vívida son discutibles a lo largo del camino. Solo déjalas ahí. Lo que sí es invariable es que este documento es un faro de luz guiando de manera segura a tu equipo.

Despliegue externo

Receptores

El despliegue externo hace que todos entiendan hacia dónde se dirige la organización, por qué ese es un rumbo emocionante y por qué la perspectiva que tienen de tu compañía debería basarse en el punto donde estará tres años a partir de ahora y no en hoy.

Así como con el despliegue interno entre los integrantes de tu equipo es importante, también es de suma importancia tranquilizar a quienes piensen que la idea suena descabellada. Reafírmales que algunos conceptos todavía están a un año o dos de distancia y que, cuando los primeros elementos estén en su lugar, los componentes finales no se verán tan inverosímiles.

Presenta tu visión vívida afirmando: "Así es como nuestra compañía se verá en el futuro cercano. Todos reconocemos que hoy no se ve así, pero esto es como si nos asomáramos tres años hacia el futuro y describiéramos cómo se ve, cómo opera y cómo se siente". Este despliegue debería ser simultáneo.

Cuando todos en la organización entiendan por completo la visión vívida y estén impulsándola, podrás compartirla con el resto del mundo. Usa bombardeos de correspondencia, una publicación en el sitio de internet de la compañía, boletines de noticias, conferencias de prensa, notas de periodistas, volantes, megáfonos, detén a los transeúntes en las calles... bueno, quizá deba haber un límite respecto a qué tanto haces para divulgar el mensaje, pero es mejor que te equivoques del lado de dar a conocer la noticia.

Es clave enviar tu mensaje continuamente. El objetivo es que todos aquellos que sean relevantes para tu compañía vean lo que estás construyendo, hacia dónde te diriges y cómo se ve. Estas partes externas juegan un papel en tu visión porque contribuyen y conspiran para hacerla realidad.

No tiene sentido hacer planes para el futuro si no sabes qué traerá consigo. Y como quieres que los demás te incluyan en sus planes futuros, es imperativo que les recuerdes cómo se ve el futuro tuyo. Si te estás dirigiendo hacia el desierto, es crucial seguir mirando el mapa para saber dónde te encuentras y el camino que pretendes seguir. Lo mismo sucede con la visión vívida: es un mapa del futuro que tú y otros podrán seguir.

Posibles razones para sentir dudas o temores

Un aspecto que genera temor en muchos al hacer el despliegue externo está relacionado con sus competidores. Dada la naturaleza tan personal de la visión vívida, hay una tendencia a preocuparse porque alguien trate de robar tus ideas. Y aunque esto es posible, en realidad, nadie tiene la habilidad de ejecutar *tus* ideas. Recuerda, tú solo estás mostrándoles el producto final, pero tus competidores no tienen ni idea de cómo llegar allá. No vas a mostrarle a nadie tu plan de negocios, solo tu destino. Y cuando hayas anunciado hacia dónde te diriges, ya habrás explorado ese territorio. Si otra persona intenta plantar allí su bandera, esta se caerá por naturaleza, como si esa compañía no tuviera suficiente visión para trazar su propio curso.

La otra razón por la cual las personas se ponen nerviosas respecto al proceso de presentación de su visión vívida es porque todavía no conocen el elemento crucial que implica *el cómo*. La vulnerabilidad es un resultado natural de no tener todas las respuestas. Es difícil pararse ante una sala llena de personas y hacer un intrépido anuncio cuando te preocupa que alguien te pregunte: "¿Cómo vas a hacer que eso suceda?", cuando todavía no tienes un plan.

De nuevo, recuerda que tu trabajo no es tener esa respuesta. La omnisciencia no es un prerrequisito para ser el director de una compañía. *Tienes personal que se encarga de eso*. La manera en que respondes a esa pregunta es que tu equipo, en quienes tienes toda la confianza, se ocupará de hacerlo realidad porque esa es la tarea que les has dado.

Razones para compartir tu visión vívida con el mundo

Lo que termina sucediendo como resultado de tu campaña enfocada en compartir tu visión vívida con el mundo es que el mundo llega a aceptarla. A veces, sucede de repente y las personas se levantan y ven lo que les has dicho que miren. Las cortinas se corren y el mundo, tal como lo has descrito, aparece ante ellas. Ahora, has convertido a otros a tu manera de pensar, así como el personaje de Henry Fonda gana a los otros 11 hombres del jurado en *12 Angry Men*.

Ese cambio de perspectiva activará una reacción en cadena hacia adentro y hacia afuera de tu organización. Por dentro, todos comenzarán a ver y a sentir lo que haces y tomarán decisiones de manera más intuitiva, comprendiendo que ellos también han visto en la realidad tu visión vívida.

Por fuera, la gente mira hacia adentro y ve que tu organización funciona como una unidad, y comienza a comprender que sí vas a alcanzar esa gran, audaz y compleja meta dentro de tres años. Para esto, muéstrales a ciertos clientes clave el futuro de tu compañía para que no se enteren por medio de terceros. Luego, haz lo mismo con tus proveedores para que sepan hacia dónde te diriges. Piensa en quién más se beneficiaría de ver el cuadro completo.

Cuando estábamos desarrollando 1-800-Got-Junk?, nos sentamos con el proveedor que hacía las cajas azules para la parte trasera de los camiones y le mostramos cómo se vería nuestra compañía en unos años y él dijo: "Me alegra que me lo hayan dicho. En ningún punto hemos ordenado una cifra similar de camiones para el próximo año en Norteamérica".

Necesitábamos que él fuera consciente de nuestras necesidades para hacer realidad nuestra visión del futuro. Como resultado, el proveedor planeó para nuestra futura expansión. Como esta requería que sus necesidades cambiaran, pudo hacer planes para apoyar a la compañía. En poco tiempo, todos en la cadena se estaban expandiendo según nuestras expectativas.

Las personas no solo quieren trabajar para empresas de última generación, también quieren trabajar con ellas. Si eres un cliente que habla sobre duplicar tu crecimiento en tres años, los demás te prestarán atención porque quieren crecer contigo. Como resultado, recibirás más de su tiempo y servicio e incluso hasta una mejor tarifa. De nuevo, tu intención es que te traten como la compañía en la que te vas a convertir, no como la que eres en la actualidad, así que, comparte tu visión vívida con tus proveedores.

Un hombre que baila, unos pilotos de avión y unos ladrilleros

A menudo, lograr que otros vean tu organización como la ves es solo cuestión de perseverancia. Un ejemplo de esto es evidente en un video de hace varios años del Festival Musical Sasquatch. Este video se hizo viral y disfruto compartirlo como una ilustración del poder de las ideas de una persona. Durante el festival, un hombre baila solo. No lo hace con tristeza porque se ve muy feliz, pero baila solo.

Hay una gran multitud reunida sobre el pasto de la ladera. Y aún solo, el hombre sigue bailando. Después de un rato, otro hombre se le une. Los dos bailan. Luego, un tercer hombre da un paso al frente y también comienza a bailar.

Momentos después, la gente corre ladera abajo para participar en este pequeño grupo de gente solitaria bailando. Ahora, miles y miles de personas bailan de la misma manera que el hombre que pocos minutos antes bailaba solo. Se presentó un punto de inflexión y, de repente, la manera de pensar de todos cambió.

Tu tarea es ganar a otros para tu bando. Y a lo largo del camino, te verás desafiado y quizá te ridiculicen. Personas dentro de tu propio negocio comenzarán a dudar de la viabilidad de tu visión vívida.

Es por esta razón que es muy importante que sigas leyendo el documento en voz alta y compartiéndolo con otros fuera de la organización. Pero aun así, a lo largo del camino, encontrarás obstáculos. La mejor manera de superarlos es alinearte lo que más puedas y avanzar como una unidad.

Piensa en los pilotos de jets como los Blue Angels. A velocidades extremas, en un cielo que no tiene demarcaciones o señales, los pilotos crean diferentes formaciones con habilidad, belleza y gracia. ¿Cómo lo hacen? Estando perfectamente alineados.

Si estos pilotos no siguieran sus maniobras al pie de la letra, sería imposible evitar una catástrofe. Cada piloto no solo debe saber cuál es su trabajo, sino que también debe saber qué están haciendo los demás. Y de la misma manera, o incluso más importante aún, debe confiar en que ellos harán su trabajo y lo harán a la perfección. Así es como debes hacer que funcione tu operación, con sutileza y casi por instinto.

La belleza de este tipo de alineación se verá con toda claridad a medida que tú y tu equipo persigan esa elevada meta de tres años, pero hay otros momentos en los que este tipo de funcionamiento intuitivo es necesario para que la compañía haga un giro de 90 grados. Hacer que todos estén alineados en un momento de giro puede ser tan difícil como tratar de dar reversa en una tractomula por un callejón de un solo carril. O puede ser tan fácil como un par de jets zigzagueando por el cielo abierto: la diferencia está en la alineación.

En el entorno de trabajo de hoy, se está haciendo más y más difícil establecer y mantener la alineación. Una de las principales razones es el trabajo remoto. Tiende a ser difícil mantener alineados a los empleados que están fuera de las oficinas. Lo mismo sucede con los trabajadores independientes, los contratistas, los empleados temporales o de tiempo parcial y con otros miembros de tu fuerza laboral que sin duda son esenciales y están tiempo completo en tus instalaciones. Sin embargo, al año 2016, estos son jugadores cruciales para el éxito de una nueva empresa.

Por tal razón, es importante que ellos de verdad entiendan de qué se trata el cuadro completo y cómo encajan en él. En este punto, funciona la analogía de un hombre caminando por la calle que se encuentra con otros tres hombres que están haciendo ladrillos. Él le pregunta al primero: "¿Qué está haciendo?".

Él le contesta: "Hago ladrillos".

Luego, le pregunta al segundo ladrillero: "¿Qué está haciendo?".

Y él le responde: "Estoy haciendo estos ladrillos para construir un muro".

Ante esta respuesta, le pregunta lo mismo al tercero, quien le responde: "Estoy haciendo estos ladrillos para construir el muro de una gloriosa catedral que se usará para adorar a Dios".

¿Quién crees que siente una mayor alineación de propósito cada mañana cuando va a su trabajo? Todos hacen la misma función, pero el tercero entiende por qué están haciendo ladrillos y cuál es el significado de su trabajo.

Perfil de emprendedor

W. Brett Wilson, Dragón Emeritus (y otras cosas)

La compañía de W. Brett Wilson es Prairie Merchant Corporation.

Sus mayores logros en los negocios son:

- Brett cofundó FirstEnergy Capital Corp. en 1993 y fue el Presidente General y Presidente de la Junta Directiva. La compañía comenzó con $2 millones de capital y fue valorada en $300 millones 15 años después, cuando se le vendió el 20% a Société Général.
- Enfrentó la adicción al trabajo durante su carrera en iBanking, pero logró superarla y establecer excelentes relaciones con sus hijos.
- Se ha convertido en un líder en Canadá y en otras partes del mundo en cuanto al uso de la filantropía estratégica para desarrollar empresas. Ha recibido premios por sus esfuerzos en esta área, incluyendo la Orden de Canadá y la Orden al Mérito de Saskatchewan.
- Obtuvo un elogiado papel en los episodios de Dragons' Den que ganaron el Premio Gemini, un programa que atrajo a audiencias récord en Canadá durante sus temporadas y que cambió la manera como los canadienses percibían y celebraban el emprendimiento.
- Ha invertido con éxito en una amplia variedad de activos, desde edificios de oficinas hasta un equipo de Hockey de alto rendimiento en NHL y en extensos valores en tierras en Saskatchewan. Es el coinversonista principal en una generadora de energía

independiente (Maxim Power) e inversionista inicial en gran cantidad de exitosos productores canadienses de petróleo y gas. En la actualidad, es Presidente de Canoe Financial, la compañía de fondos colectivos de crecimiento más rápido en Canadá.

Cada mañana, su rutina consiste en:

- Brett comienza su día tomando un vaso de agua con jugo de limón.
- Revisa las noticias que hayan sido publicadas durante la noche, sus cuentas de redes sociales y su correo electrónico.
- Hace ejercicio durante 15 minutos mientras mira los titulares de las noticias.
- Luego, se relaja consintiendo a su perro y toma un café Bullet Proof.
- Por lo general, trabaja desde casa durante una hora o más en la mañana, lo cual le permite tener tiempos calmados para concentrarse en organizar su día.

8
Principio #2
Delega todo, excepto tu genialidad

"Como todos los emprendedores saben, tú vives y mueres según sea tu habilidad de priorizar. Todos los días y todas las noches debes concentrarte en las tareas más importantes y cruciales para luego compartirlas, delegarlas, posponerlas o incluso saltarte las menos esenciales".
—**Jessica Jackley, Cofundadora de Kiva**

El papel del emprendedor, tan extenso como pueda ser, no es hacerlo todo. Si tú lo estás haciendo todo, estás siendo terriblemente ineficiente con tu tiempo y tus demás recursos. La mejor manera de hacer las cosas es delegándolas todas, menos tu genialidad. En otras palabras, si otros están capacitados para hacer el trabajo, deja que lo hagan. Y si no hay quien lo haga, lo que esto significa es que no estás dedicando la energía necesaria para encontrar a alguien en quién confiar —por lo general, siempre hay a tu alrededor en quien delegar—. El emprendedor Dave Feller, Director Ejecutivo de Mogo Financial, se enorgullece de considerase a sí mismo como "un emprendedor perezoso". Cuando lo conocí, Dave me dijo que había comenzado su compañía en una ciudad a 2.000 millas de donde vivía, así que no podía, ni pretendía quedarse estancado en la cotidianidad de dirigir la empresa. Sabía que, por tener la oficina tan lejos de su casa, se vería obligado a contratar empleados y a delegar en ellos más responsabilidades que si estuviera cerca de ellos. Hasta las distracciones pararon porque ninguno podía entrar a su oficina a preguntarle "si tenía un minuto para hablar" acerca de los proyectos en los que cada uno estuviera trabajando.

Piensa en los quehaceres que implica el hecho de sostener una casa. Si eres un profesional ocupado, tienes suficientes proyectos en qué ocuparte, pero si también tienes la tarea de lavar el baño, fregar los pisos y lavar las ventanas, estás desperdiciando tiempo valioso haciendo trabajo que es fácil delegarle a cualquier otra persona. Y como *puedes* delegarlo, *deberías* hacerlo. Contrata a alguien que haga los quehaceres tediosos de tu casa mientras tú usas tu tiempo para hacer lo que nadie más puede hacer por ti en tu trabajo. Al fin de cuentas, eres experto en unas cuantas áreas de tu negocio y cuanto más tiempo te enfoques en ellas, más dinero harás. Concibe tu vida personal de esta manera y comienza a hacer una lista de todo aquello para lo cual podrías contratar a alguien por un precio de, más o menos, $12 a $15 dólares por hora, para que haga todo eso que consume tu valioso tiempo.

Posibles actividades de tu vida personal que podrías delegar:

- Limpieza de la casa
- Lavar la ropa
- Planchar
- Llevar ropa a la lavandería o ir a recogerla
- Quehaceres domésticos
- Pequeñas reparaciones de la casa
- Limpieza del patio
- Limpieza después de fiestas
- Podar el césped
- Pedir domicilios

- Compra de víveres
- Preparación de alimentos y cocinar la comida de la semana
- Llevar correspondencia y envíos a la oficina de correos o al servicio de mensajería
- Llevar los niños a la escuela o recogerlos después de clases u otras actividades.

Como verás, esta lista es casi interminable...

Comienza haciendo un inventario de todas tus actividades como emprendedor. Esta es una lista que debes hacer cada seis a doce meses, compilando todo lo que haces a diario en tu trabajo. Imagínate que alguien te sigue por todas partes con una cámara de video para grabar todo lo que haces en el proceso de dirigir tu empresa, bien sea importante o trivial. Para mí, esto incluye leer el correo electrónico, organizar reuniones y asistir a ellas, hablar con escritores, programar vuelos, hacer reservas de hotel, contratar servicios de transporte, prepararme para hacer llamadas de entrenamiento, diseñar hojas de trabajo, revisar páginas de internet y contratar conferencistas para COO Alliance, entre docenas de otras tareas. En realidad, mi lista no tiene fin. En tu caso, comienza a verlo de esta manera: hay que hacer todas estas cosas, pero eso no significa que tú seas quien debe hacerlas todas.

Ahora, incluye tus actividades en un ahoja de Excel. Usa una fila por tarea y escribe todas las que veas que has hecho o haces usualmente durante un mes o trimestre normal. Toma todo tu inventario de actividades e identifica cómo cumplir con todo sin estar tan involucrado como lo estás hoy.

Tu lista integral incluirá un promedio de 60, 70 o incluso 80 actividades por realizar durante ese periodo. Después que hayas vaciado tu mente por completo en cuanto a todo lo que haces, comienza a categorizarlo con el fin de saber qué puedes dejar de hacer tú mismo. Lo más probable es que sigas añadiendo cosas a tu lista a medida que avanzas, pero trata de apuntar la mayor cantidad de ellas antes de comenzar a organizarlas. El siguiente paso es categorizarlas bajo una segunda columna en una de cuatro maneras. Marca una de estas cuatro letras en la columna al lado de las actividades listadas:

- *I* es para incompetente: Eres muy malo haciendo esas actividades.
- *C* es para competente: Las haces "bien".
- *E* es para excelente: Eres excelente haciéndolas, pero no te encanta hacerlas.
- *U* es para habilidad única: Estas actividades te energizan y además eres único haciéndolas.

La prueba que tengo para determinar si estoy frente a una habilidad única en mí es si la haría gratis y así mis hijos no tuvieran qué comer. Si la respuesta es sí, esa es una *U* en la segunda columna de la hoja de cálculo. Mi habilidad única, por ejemplo, es hablar con directores ejecutivos y entrenarlos. Siempre que estoy haciendo algo que no sea hablar en un evento o en una sesión de entrenamiento, por lo general, estoy trabajando en cosas en las que puedo ser bueno, pero que no necesariamente me energizan. Si puedes comenzar a delegar todo aquello en lo que no eres demasiado bueno y que no te da energía, entonces vas por buen camino hacia un rápido éxito como emprendedor. Si eres muy cuidadoso en denominar actividades como una habilidad única, es probable que tengas de dos a tres actividades en tus responsabilidades etiquetadas con una *U*. Todas las demás estarán categorizadas de manera más acertada como *E* o *C*.

La tercera columna consiste en asignarles una cantidad monetaria. Si le fueras a pagar a alguien por hacer esas tareas, ¿cuál sería el pago por hora? ¿Pagarías $10 dólares por hora, que es un trabajo de $20.000 dólares al año? ¿Pagarías $20 dólares por hora, que es un trabajo de $40.000 dólares al año? Algunas de las actividades en tu lista están, literalmente, muy por debajo de tu nivel desde el punto de vista de lo que cuesta hacerlas, a tal punto que no tiene ningún sentido que las hagas. Sería mucho más conveniente y productivo que le pagaras a alguien de $15 a $20 dólares por hora para que las haga mientras tú recibes un pago que es de 10 a 100 veces superior por trabajar desempeñándote en tu habilidad única. Mi tiempo está tan altamente aprovechado cuando estoy dando una conferencia o entrenando directores ejecutivos, que hacer cualquier otra cosa diferente o tratar de encontrar más oportunidades para realizarlas porque estoy ocupado haciendo algo distinto implicaría que estoy siendo ineficiente con mi tiempo. Piénsalo de esta manera: solo tienes tres recursos: personas, tiempo y dinero. Tu trabajo es obtener el máximo retorno de cada uno de ellos y no desperdiciar ninguno.

Hasta aquí, ya tienes una columna que enumera tus actividades (una por cada fila), una segunda columna que muestra el valor monetario de lo que estarías dispuesto a pagar por hora para que alguien se ocupe de esa actividad. Deberías delegar todo lo que esté en las categorías de incompetente, competente y excelente y que esté por debajo de tu sueldo como emprendedor.

Ahora, págale a alguien para que haga todo eso, de lo contrario, en esencia, lo que estarías haciendo es contratando a un director ejecutivo —tú mismo— para que lo haga al precio de tu tarifa por hora. De hecho, delega lo más pronto posible todo aquello en lo que te clasificaste como incompetente o competente. Luego, esfuérzate por delegar también aquello en lo que eres excelente. Además, analiza si es necesario seguir haciéndolo. De repente, sería mejor que muchas de estas cosas estuvieran en tu lista de lo que tienes que dejar de hacer en lugar de que tu lista de pendientes siga creciendo.

Lo siguiente que debes hacer es algo que aprendí de Suzanne Evans, una de las emprendedoras que entreno. Lo primero que ella hace en la mañana es concentrarse y hacer una lista completa de todo lo que debe hacer durante el día; luego, se centra en delegar el 80% para ella hacer solo el 20% de todo lo que escribió. Procura tú también alcanzar ese porcentaje delegando responsabilidades. Imagínate que justo después de escribir tu lista de pendientes para la semana o para el día, pudieras subcontratar a alguien y delegarle el 80% de tus actividades en lugar de lanzarte de cabeza a hacerlas tú mismo.

Esta cifra del 80% no es una coincidencia. Todos hemos escuchado acerca del Principio de Pareto, el cual afirma que el 80% de tus resultados proviene del 20% de tus esfuerzos. Conociendo esta verdad,

¿por qué no concentrarte solo en las áreas de tu habilidad única? Esa sencilla idea te ayudará a obtener resultados mucho más elevados. La cifra del 80% también es una manera de pensar que alguien te ayudará cuando la perfección no sea necesaria. A menudo, nos atascamos en el perfeccionismo y este suele conducir a la procrastinación. Si gastas tu valioso tiempo tratando de escribir el memorando perfecto, diseñando el anuncio perfecto o procurando alcanzar el mismo tipo de trascendencia en una tarea ajena al dominio de tus habilidades únicas, deberías dejar de apuntar tan alto. Pon todo esto en tu lista del 80% delegable y busca a un especialista capaz de hacerlo por ti. La mayoría de las personas se siente bien con un resultado del 80%. Muchas no necesitan la perfección. Así que, como emprendedor, mantén el enfoque en delegar todo lo que más puedas, menos tu genialidad.

Recuerda que tu trabajo es ver el panorama completo. No te atasques en los detalles. Usa tus recursos con sabiduría. Delega lo más pronto posible y disponte a concentrar tu atención en lo que más te produzca.

Busca otras áreas de tu vida en las que estás pagando un salario de director ejecutivo al estar haciendo tú mismo una labor que sería perfecta para un chico de secundaria: llevar ropa a la tintorería, ir a la tienda de víveres, cocinar una cena, limpiar la casa y hacer otras cosas por el estilo. Luego, usa ese tiempo que ahorras ejerciendo tus mejores habilidades o para saborear los momentos de la vida y recargar tus baterías.

Hay bastantes aplicaciones y sitios en internet que te ayudan a delegar tareas. Por ejemplo, sitios como Upwork, oDesk, Fiverr, y HireMyMom.com les proporcionan alivio a los emprendedores ocupados. Cada uno de estos sitios tiene tutoriales gratuitos —o usa YouTube para aprender a usarlos lo mejor posible y a tu conveniencia—. Tendrás la opción de publicar cantidades de proyectos individuales que necesitas realizar y verás que personas de todo el mundo ofertarán especificando cuánto están dispuestas a cobrarte por hacerlos.

Otra buena opción es usar aplicaciones de gestión de proyectos, tales como Basecamp y Asana, las cuales te dan herramientas para identificar y administrar tareas diarias y proyectos a largo plazo. Estos dos sitios de internet tienen fabulosos videos que te muestran cómo aprovechar tu tiempo si usas sus servicios.

Además, evalúa la posibilidad de usar compañías como Less Doists, dirigida por Ari Meisel, la cual tiene un equipo de asistentes ejecutivos que se reúnen contigo sin falta cada semana para hablar sobre todo lo que tienes bajo tu responsabilidad y ellos se ocupan de esas cosas en tu lugar. Se harán cargo de la gestión de proyectos y de la contratación de personal para que no tengas que preocuparte de eso. Literalmente, te ayudan encargándose de lo que tengas que hacer.

Es indudable que los emprendedores solemos ser nuestros propios peores enemigos. Como, por lo general, comenzamos nuestra empresa sin la ayuda de empleados, podemos hacer, y casi siempre hemos hecho, casi todo el trabajo de una u otra manera. Así que estamos acostumbrados a lanzarnos de cabeza y hacer las cosas por nuestra cuenta. Sin embargo, recuerda que, como emprendedor, tú eres responsable de que se hagan las cosas, pero no tienes que ser tú mismo quien las haga todas.

Fue hasta la última década y media que la nueva economía de trabajo autónomo se desarrolló. No existía la opción actual de conseguir y contratar este tipo de servicios en las Páginas Amarillas, ni en los anuncios clasificados de los periódicos. En ese entonces, debías contratar empleados de tiempo completo que supieran de todo, pero que no eran expertos en nada. En cambio, ahora es fácil encontrar expertos y especialistas no solo en tu localidad, sino en todo el mundo, dispuestos a realizar diversidad de trabajos. Son gente calificada y talentosa que está buscando hacer casi cualquier cosa que esté en tu lista de pendientes. Para cada tarea que tú necesitas hacer, siempre hay alguien que la hace a las mil maravillas y que le encanta hacerla. La mujer que hace la limpieza en mi casa es un excelente ejemplo. Ella disfruta de los quehaceres de la casa y es muy buena en ello —mi closet está organizado como cualquiera de las mejores tiendas de ropa.

Ya he dicho que algo muy importante que aprendí durante mis comienzos como emprendedor es que, si no tienes un asistente, entonces tú eres uno. Muchos esperan a contratar a su segundo al mando cuando, en realidad, lo primero que deberían hacer es contratar a alguien que los asista en gran parte del trabajo que los ocupa. Los asistentes ejecutivos son, en gran medida, la mejor ayuda que puedes darte en los primeros días de desarrollo de tu compañía. Mi asistente ejecutiva, Meridith Kuba, es fantástica. A ella le encanta ayudarme y no me imagino dirigiendo hoy mi empresa o en el futuro sin ella. Meridith tiene la habilidad de hacer cosas más rápido y mejor que yo. Y siempre se ocupa con gusto de hacer algunas cosas que son mi responsabilidad.

En algún punto, después de haber contratado a un asistente ejecutivo, comenzarás a buscar la manera de desarrollar tu equipo, contratar empleados y encontrar un segundo al mando. Ese es un paso muy grande, pero efectivo. Suele ser más costoso que los otros cargos que contratarás, pero un buen director de operaciones (COO en inglés) entra en escena cuando ya puedes comenzar a delegar y a no hacerte cargo de proyectos grandes —proyectos en los que eres excelente, pero que no te energizan—. Así que tu COO debe ser alguien con la capacidad de ocuparse de esos proyectos para que tú te enfoques en los aspectos de tu empresa que más te produzcan.

En conclusión, solo tienes tres recursos: personas, tiempo y dinero. Usa cada uno de ellos para obtener el máximo retorno sobre tu inversión. En lo que concierne a tu tiempo, deberías usarlo ya sea para maximizar tu retorno financiero o para disfrutar de felicidad y darte una mejor vida. Y la mejor manera de lograr cualquiera de esos resultados es delegando todo, menos tu genialidad.

Perfil de emprendedora

Marie Forleo

La compañía de Marie Forleo es Marie Forleo International

Sus mayores logros en los negocios son:

- Oprah denominó a Marie como Thought Leader for the Next Generation.
- Su compañía fue reconocida por ser la corporación 500 de más alto crecimiento en el año 2014.
- Ella escribe, produce y presenta Marie TV, uno de los programas en internet de mayor influencia para creativos y emprendedores, el cual tiene más de 22 millones de visitas y audiencia en 195 países.
- Forbes.com ubicó a MarieForleo.com entre los 100 mejores sitios de internet para emprendedores.
- Marie cree firmemente que cada venta cambia vidas, debido a que, con cada producto que ella vende, su empresa apoya a una persona en necesidad.

Cada mañana, su rutina consiste en:

- Para Marie no hay dos días iguales.
- Ella se levanta a diferentes horas, según sus itinerarios de viaje, dónde esté viviendo y trabajando, sus horarios de grabación,

etc. Lo que sucede en sus mañanas cambia con frecuencia. Sin embargo, algunos hábitos no son negociables porque estos hacen que ella siga siendo productiva y saludable.

- Hace, como mínimo, 10 minutos de meditación.
- Toma café o un batido verde.
- Debe hacer ejercicio. Este varía entre hacer bicicleta estática, clases de yoga o baile. Tampoco debe ser en la mañana. A veces, tiene más sentido hacerlo en la noche.
- Otro hábito para las horas de la *noche* que ella considera determinante para los emprendedores es planear su día la noche anterior. Esto hace que la mañana sea *mucho* más productiva, agradable y libre de estrés.

— 9 —
Principio #3

Yin yang:
Un COO apalancador

"No contrates a un hombre que haga tu trabajo por dinero, sino a uno que lo haga porque le encanta hacerlo".
—**Henry David Thoreau**

Lancé COO Alliance porque reconocí el importante e impactante papel que juega la posición de director de operaciones en el desempeño del director ejecutivo. Los emprendedores obtienen gran valor de este grupo de gente que ocupa esta crítica segunda posición. Cuando contratas a un director de operaciones, él producirá un impacto masivo y poderoso en tu empresa. Aunque el nombre del cargo es director de operaciones (COO), su labor suele ser igual a la de un gerente general o un vicepresidente de operaciones, pero con un título de mayor nivel.

Los emprendedores crean compañías, pero, en algún punto, necesitan de alguien que dirija por ellos las operaciones del día a día. Tiene sentido que, al compartir la carga, el COO alivie la labor del director ejecutivo. Así, este último tendrá la libertad para ausentarse un día si está enfermo o para descansar y disfrutar de una buena noche de sueño. También le da el espacio para concentrar sus energías en las dos o tres cosas que mejor sabe hacer y que solo él está en capacidad de hacer. Los emprendedores son visionarios, pero suelen tener poca orientación en cuanto a los detalles para hacer las cosas y hacerlas de la manera correcta.

Esta relación proporciona una dinámica al estilo yin yang. Es un tipo único de equilibrio en el núcleo mismo de la compañía. Para el CEO, el COO es su alma gemela en términos ejecutivos. Cuando trabajé como COO en 1-800-GOTJUNK?, organizaba una reunión semanal con el CEO para mantener la sincronía entre los dos. Era parecido a una cita, no solo para revisar el pulso de las cosas, sino también para construir la relación e ir mejorando el nivel de comunicación y confianza con mi CEO. Como emprendedor, tú debes comprender que estas reuniones son necesarias para tu segundo al mando si deseas que esa persona esté alineada contigo. Necesitas tenerlas cueste lo que cueste, pues son cruciales. Más que cualquier otra relación de negocios a medida que creces, la relación entre tú como CEO y el COO es clave para tu crecimiento porque ese ejecutivo clave a menudo se ocupará de proyectos operativos más grandes que en un principio son tu responsabilidad. Con mucha frecuencia, él terminará manejando áreas completas de la compañía bajo su responsabilidad para que tú puedas aprovechar mejor tu tiempo.

He hablado sobre este tema en COO Alliance y he escuchado diversas maneras en las que se presentan estas reuniones. Una que me parece interesante consiste en compartir un rato de ejercicio en las mañanas. Respirar aire fresco, ver el amanecer y mover tu cuerpo es una manera excelente de evitar las distracciones de los celulares, los correos electrónicos y las conversaciones informales. Es una conexión muy humana que permite tener una gran conversación y crear empatía. A Chip Wilson, el fundador y ex CEO de Lululemon, le encantaba hacer caminatas con su COO. Steve Jobs también era famoso por sus "caminatas y charlas".

Cuando fui COO de 1-800-GOT-JUNK?, Brian, el CEO, y yo, decidimos entrenar juntos para participar en media maratón. Yo participé en dos competencias de estas por dos años seguidos y decidimos salir a correr en las mañanas de los martes y los jueves a las 6:30 a.m. durante seis meses. Era genial correr con alguien durante 45 a 90 minutos y hablar sobre la situación, los sentimientos, los obstáculos y las motivaciones de cada uno. Así no estés hablando del trabajo, estás teniendo una conexión humana con la persona más importante de tu mundo de los negocios.

Es importante que estas dos personas que conforman el corazón de la compañía se entiendan entre sí más allá de un nivel casual y profesional. Tu COO debería saber de manera intuitiva qué problemas presentarte y cuáles resolver sin necesidad de consultarte. Como CEO, tú tienes mucho que hacer, así que, cuanto más haga tu segundo al mando para evitar obstáculos en tu camino, más y mejor te concentrarás en los problemas más grandes. Tu COO debe saber leer tu mente y anticipar las cosas que quizá tú no veas.

Es evidente que el nivel de confianza no se da sin un esfuerzo consciente, como he escuchado decir una y otra vez en COO Alliance. La mayoría de los CEOs no quiere tratar con los detalles minuciosos de un problema; quiere un resumen y una solución. Pero eso exige un plan de comunicación para filtrar preguntas y saber qué es necesario ver y cuándo, qué constituye un éxito, qué tipo de asignación de responsabilidades y apoyo están disponibles, conocer las estrategias de manejo de conflictos y tener principios operacionales establecidos que definan límites en cuanto a las decisiones que tome el COO.

Antes de contratar a un COO, debes ser honesto contigo mismo respecto a cuáles son tus debilidades e identificar las áreas del trabajo que no te gusta hacer para así encontrar a alguien que tenga fortalezas en esas áreas y disfrute esos aspectos del negocio. Leí un artículo muy útil en *Harvard Business Review* titulado "El papel malinterpretado del COO", el cual trata justo este asunto. Sus autores describieron siete diferentes tipos de COOs: el que mira hacia afuera, el que mira hacia adentro, el que está enfocado en la tecnología, el que está enfocado en las ventas y el mercadeo, el enfocado en lo operacional, el que se enfoca en la ingeniería y en el producto y aquel cuyo enfoque es el aspecto financiero. Siete tipos completamente diferentes de COOs, así que, cuando dices: "Necesito un segundo al mando", es como si dijeras: "¿Qué tan alto es arriba?". Debes tener claridad de cuáles son las habilidades importantes que no hacen parte de tu conjunto de habilidades. Luego, encuentra ese COO cuyas habilidades coincidan con las que necesitas.

Por ejemplo, si de verdad odias la tecnología de la información y las finanzas, como es mi caso, entonces no deberías hacer nada de eso. Así que, si fueras a contratar un segundo al mando para tu compañía, deberías buscar a alguien a quien le encanten esas dos funciones. Esto te permitiría delegar esas responsabilidades sobre un segundo al mando que sí las disfruta.

Supón que no eres alguien muy orientado en los detalles. Entonces, lo mejor es contar con alguien que sepa acercarse lo suficiente para captar hasta el más mínimo detalle mientras tú le das una mirada a vuelo de pájaro a cada cosa. O quizá, tengas una fuerte visión con respecto hacia dónde debería dirigirse la compañía, pero eres terrible iniciando proyectos. En ese caso, encuentra un COO con gran capacidad de iniciativa que sepa cómo hacer rodar la pelota mientras tú te concentras en hacer crecer la empresa.

Teniendo esto en cuenta, lo más frecuente que encuentro en los CEOs con los que hablo y que están considerando contratar a alguien para que sea su segundo al mando es que ni siquiera tienen un asistente ejecutivo. Primero, lo primero: contrata a tu asistente ejecutivo. Después, espera unos seis meses antes de ver qué tanta es la necesidad de contratar a un COO. Y, cuando lo hagas, ten cuidado de no nombrar en el cargo a alguien que no cuente con las capacidades que necesitas. Si tu candidato no es en realidad un COO, terminarás pagando mucho más de lo que deberías y tu COO adquirirá un sentido de importancia desbordado o tratará de estar a la altura de un cargo que requiere mucha más experiencia que la que él tiene.

Piensa en la posibilidad de comenzar con el título de gerente general, el cual podría dar paso al cargo de director o vicepresidente de operaciones. El cargo de COO es adecuado cuando tu compañía tiene alrededor de 100 empleados.

Cuando estés listo para contratar a tu segundo al mando, crea de inmediato una tarjeta de puntaje que puedas revisar después de un año para evaluar su trabajo. Enumera en ella las cinco metas más importantes que tu COO debe haber logrado a fin de validar la contratación. En el proceso de entrevista, busca candidatos que ya hayan cumplido la mayor cantidad posible de esas cinco metas y que sean efectivos haciéndolo.

Cuando estés contratando a un COO, piensa en las cuatro categorías que miraste en el último capítulo: incompetente, competente, excelente (pero no le encanta hacerlo) y habilidades únicas que te encanta hacer. Mi habilidad única es dar charlas en eventos y entrenar emprendedores. Fuera de eso, soy bueno en muchas cosas, pero esto es lo que me encanta hacer.

Si encuentras un COO o un segundo al mando que cubra una de las siete áreas en las que quieres que él se concentre, y que se haga cargo de las tareas y proyectos en los que tú eres excelente, pero que no te gusta hacer, de tal modo que tú te ocupes solo de las cosas que harías así no te pagaran, ese es el primer paso. Sin embargo, esto no significa que ya hayas ganado.

Lo que muchos no comprenden es que cuando Brian y yo creamos 1-800-GOT-JUNK?, nuestro éxito no fue cuestión de suerte. Por mi parte, yo ya había fundado dos franquicias antes de vincularme a la empresa de Brian. No fue una cuestión de suerte porque ya habíamos estado participando juntos durante tres años en un foro de Entrepreneurs Organization, antes de que yo me uniera a él como su COO. Yo había dirigido una compañía privada de divisas que acabada de ser vendida por $60 millones de dólares. También había estado trabajando en una cadena de carrocerías de autos y él había observado mi progreso, así que, de manera intuitiva, me conocía como líder y me había estado entrevistando por tres años sin que yo lo percibiera. Él sabía a la perfección en qué consistían mis habilidades y que estas complementaban a la perfección sus déficits. También sabía que donde él era fuerte yo era débil. Ese fue el segundo paso, el hecho de que él sabía que en realidad yo era apto para hacer lo que él necesitaba que hiciera.

La siguiente área es la confianza. Un mes y medio antes de unirme a Brian como su segundo al mando, él fue mi padrino de bodas. Éramos los mejores amigos. Yo lo he acompañado en medio de eventos personales muy desafiantes, incluyendo su divorcio, algo de lo que usualmente no te enteras, ni sabes, salvo cuando existe una fuerte amistad a nivel personal. Nuestra relación como CEO y COO era como un matrimonio increíble. Gracias a eso, la gente escribía historias sobre nosotros. Cuando estás contratando a un segundo al mando, debes entrevistarlo y contratarlo pensando en ese nivel de confianza implícita.

Necesitas tener una idea clara de lo que estás buscando desde un comienzo. En *Alicia en el país de las maravillas*, el Gato Cheshire dijo: "Si no sabes hacia dónde vas, cualquier camino te sirve". Así que el primer paso para tener claridad en cuanto a tu contratación es mirar cuáles serán esas cinco grandes metas que ese COO deberá haber cumplido durante y al final de los siguientes 12 meses. No te enfoques en lo que deberá hacer, sino *¿qué necesita para hacerlo?* Piensa en eso cada vez que vayas a reclutar y entrevistar candidatos que ya *hayan hecho antes lo que tú quieres que hagan*. Como ya lo he mencionado, en mi caso, yo ya había desarrollado College Pro Painters y Gerber Auto Collision y también había tenido franquicias. Llegar a 1-800-GOT-JUNK? fue fácil porque yo tenía experiencia, bueno, hasta cuando llegamos a los 3.000 empleados, luego sí se nos convirtió en algo muy grande.

De nuevo, contrata gente que ya haya hecho lo que necesitas que haga. La tarjeta de puntaje es la parte medible de tu descripción del cargo. La parte menos concreta es encontrar tu alma gemela en los negocios, alguien en quien confiar por completo.

Desde el primer día en que un nuevo COO entra al equipo debes darle acceso a tus números telefónicos, a tus números de cuentas bancarias y a tus claves. Sin embargo, si sientes que no estás dispuesto a darle nada de eso a esa persona, no la contrates.

Para ser claros, estás buscando gente que tenga experiencia haciendo estas tareas y no solo candidatos que apenas tengan las calificaciones para hacerlas. Si contratas a alguien basándote en lo que él o ella podrían ser capaces de hacer, tendrás la tendencia a conseguir personas que sepan *cómo* hacer las cosas, pero si contratas según la experiencia, tendrás miembros en tu equipo que ya han demostrado su capacidad de *hacer* lo que necesitas que ellos hagan.

Ten presente que los mejores candidatos no están buscando un empleo porque ya lo tienen. De hecho, están felices y no tienen intención de renunciar a él para ocupar una posición inferior. Por tal razón, tendrás que involucrar a una compañía de búsqueda de ejecutivos para que te ayude a encontrar al candidato indicado. Y si vas a invertir de $200.000 a $400.000 dólares en tu COO, lo mejor será trabajar con una firma de búsqueda que ya antes haya hecho este tipo de contrataciones. En otras palabras, no estás publicando una vacante en Craig's list. Necesitas buscar a alguien de alto calibre y, por lo general, no tienes una red del tamaño necesario para buscarlo por tu cuenta.

Los mejores deportistas pasan de un equipo a otro. ¿Cuántos ascienden de las ligas campestres o de los equipos junior para vincularse a las ligas mayores? No son muchos ¿verdad? ¿El 1%, el 2% o el 5%? La mayoría de ellos pasa de un equipo a otro o es intercambiada. Tu jugador A, el COO específico que estás buscando y que cuenta con las características necesarias para satisfacer tus necesidades, no está en Monster, ni en Craig's List buscando empleo. De hecho, para cualquier cargo en tu compañía, los mejores jugadores no van a estar en busca de empleo. Tú eres quien debe estar buscándolos a ellos y, cuando los encuentres, cuenta con la estrategia necesaria para atraerlos.

Tus descripciones de cargo deben estar redactadas para atraer al candidato perfecto. Así que la descripción que hagas del cargo debe estar escrita de tal manera que, cuando tu candidato ideal la lea, su reacción sea decir: "¡Claro que sí! Cuenta conmigo". Si juras, quiero que digas que juras en la descripción del cargo. Quiero que digas: "Soy un CEO un tanto maniático, me desempeño en este cargo, creo que juro mucho y bla, bla, bla". Porque ¿sabes qué? Si alguien te dice: "No me gusta que jures", tu respuesta debe ser: "Bien, te veo luego. Tampoco me gusta jurar, pero si vas a trabajar conmigo, al menos debemos acoplarnos desde el comienzo, ¿verdad?". El primer borrador de tu descripción del cargo debería ser como si fuera algo que le estuvieras diciendo a tu mejor amigo. Luego, entrégaselo a alguien de mercadeo o a un redactor publicitario, a alguien que sea muy bueno en ese campo. Lo más probable es que tengas que pagar $1.000 dólares para que un redactor publicitario haga que esa descripción de cargo cobre forma y vida en el papel. Ten en cuenta que debe verse como el mejor texto de ventas que jamás hayas leído en tu vida.

No tiene sentido usar la descripción de cargo escrita por el personal de recursos humanos y al mismo tiempo escribir nuestro material de mercadeo y de nuestras páginas de llegada usando el servicio de un redactor publicitario. El personal de recursos humanos no es experto en crear descripciones dirigidas a un candidato en particular. Recuerda, tu COO ideal deberá leerla y decir: "¡Claro que sí! Quiero el cargo".

Por último, al tomar la decisión en cuanto a tu COO, debes contratar a alguien que genere movimiento, o para ser más exactos, a alguien que provoque un efecto de onda dentro de la organización y más allá. Piensa en estos candidatos como si fueran rocas y su trabajo fuera llegar al fondo de un estanque. ¿Qué tipo de agite creará este elegido? Su tarea como COO es buscar el efecto de onda. Si esa roca se hunde hasta el fondo sin generar ninguna ola, tu estanque no avanzará. Tampoco quieres generar un tsunami.

El COO ideal en tu organización comienza con, y se trata de, la relación que desarrolles con él o ella. Es imperioso desarrollar una relación fuerte con esta persona. (¡En caso de que no haya sido claro!). Conoce sus deseos, sus sueños, pasiones, temores, sus inseguridades y lo que odia del trabajo. El vínculo que formes con tu COO llegará al punto en que él o ella esté dispuesto(a) a derribar muros de ladrillo por ti y viceversa, y eso es algo que tomará tiempo en construirse (pero vale la pena todo el tiempo y esfuerzo que inviertas). Después de la contratación, separa tiempo en tu calendario para una cita de reunión semanal. Yo solía llamarla noche de cita entre el CEO y el COO, pero también pueden ser sin previo aviso y de tipo informal, como ir a desayunar cualquier día durante la semana para revisar asuntos pendientes y conversar.

De hecho, Brian y yo teníamos una sala especial en la compañía que nadie más conocía; era una vieja bodega en la parte trasera del lote, al lado de un elevador de carga. Teníamos un par de sillas con un buen par de cojines y un tablero. Nos escabullíamos a esa sala y nos sentábamos ahí durante una hora. Era nuestro campo de guerra privado. Teníamos un vínculo muy estrecho, pero también gozábamos de un espacio estrecho, así que podíamos estar juntos en ese espacio.

Hasta aquí, ya has contratado a tu COO ideal, has programado las citas frecuentes y ya tienen su campo de guerra. ¿Qué sigue ahora? No te involucres demasiado en sus asuntos. Debes dejar que tu COO haga su trabajo. Deja que falle o que tenga éxito y que lo haga a su manera. Mientras esté alineado contigo en tu visión vívida, y esté construyéndola de acuerdo a tus valores esenciales, debes darle su espacio. Si aprietas mucho, tu COO se sentirá restringido y todos los miembros del equipo lo notarán y lo sentirán.

Sé lo que estás pensando: "*¿Cómo sé si lo está haciendo bien? ¿Cómo hago para verificar su trabajo con mi equipo?*". Has una reunión con los empleados de los niveles más bajos. Reúnete con los miembros de tu equipo directo y observa lo que sucede en el área de cada uno. Pero además, necesitas tener la oportunidad de reunirte con los subalternos directos de tu COO. Digamos que quieres reunirte con el equipo de ventas y mercadeo y aunque ellos están bajo la dirección del CEO o el COO, necesitas tener acceso a esos equipos y hablar con ellos.

Esta es una operación delicada. Yo suelo hablar con los encargados de ventas y mercadeo cuando el vicepresidente de ventas está ausente, pero solo para saber hacia dónde vamos y escuchar sus opiniones. Sin embargo, no debo ponerme en evidencia. Si un integrante del equipo me informa que hay un problema con cierta área, yo debo escucharlo y hacerle preguntas y tomar nota, pero no puedo decir: "Ah, me gustaría que eso cambiara". Yo no puedo comprometerme. Así que tú también debes ser cuidadoso de no traspasar los límites y asumir una función que en realidad no te corresponde, pues es evidente que esta actitud dañaría la relación que tanto te has esforzado en construir.

El COO marcará una gran diferencia en tu capacidad de concentrarte en los proyectos que te encanta hacer y donde son más necesarias tus habilidades. En otras palabras, tu COO te dará espacio para hacer el trabajo de mayor valor que sabes realizar para hacer crecer tu compañía. Haz el trabajo de búsqueda para encontrar a tu COO ideal, trabaja en esa relación como lo harías con tu matrimonio, mantente fuera de su camino y forjarás un equipo imparable para hacer realidad tu visión vívida una y otra vez.

Ahora, disponte a alcanzar el éxito en el campo del emprendimiento al aceptar el desafío de 30 días para transformar tu vida con *La mañana milagrosa*.

Perfil de emprendedor

James Altucher

La compañía de James Altucher es Choose Yourself Media

Sus mayores logros en los negocios son:

- James creó y vendió por $15 millones de dólares a Reset, Inc., uno de los primeros diseñadores y desarrolladores de software para sitios de internet corporativos en la década de 1990. La compañía creó los primeros sitios de internet para AmericanExpress.com, TimeWarner.com, Sony, BMG, Miramax, Loud Records, Bad Boy Records, Con Edison, HBO, y muchos más.

- Escribió *Choose Yourself!* en el año 2013. Con más de 600.000 copias vendidas, fue *bestseller* del listado de *Wall Street Journal* en varias ocasiones. Su libro ha estado varias veces en el puesto #1 en la categoría de no ficción de Amazon. También ha escrito otros 17 libros.

- Los episodios de *The James Altucher Show* han sido descargados más de 20.000.000 millones de veces desde que el programa se inició en enero de 2014.

- En muchas ocasiones, ha logrado cambiar de carrera y reinventarse por completo desde ceros. Ha sido desarrollador de software, ha hecho programas de televisión y ha fundado muchas compañías. Ha sido orador, escritor, gerente de fondos de cobertura, exitoso inversionista ángel y emprendedor.

- Comenzó Choose Yourself Media en 2015. Esta empresa se construyó en torno a monetizar parte de su contenido. Los ingresos del primer año fueron de $16 millones de dólares, con un ingreso neto de $1.5 millones.

Cada mañana, su rutina consiste en:

- James se levanta a las 5:30 a.m.

- Toma café y lee durante las dos primeras horas de la mañana.

- Escribe durante las siguientes dos horas. Por lo general, durante ese tiempo, registra 10 ideas (para seguir ejercitando su "músculo de ideas") y escribe un artículo o el capítulo de un libro. Luego, come algo que podría ser su comida principal del día. No ha podido decidirse respecto a si la fruta es mejor en la mañana que algún tipo de proteína, pero, en general, evita los azúcares procesados.

- Hace ejercicio o camina, toma una siesta, hace llamadas de negocios y a amigos. Si no ha escrito un artículo, entonces no hace llamadas, sino que vuelve a leer y a escribir.

- Luego, lee y escribe un poco más hasta la noche.

— 10 —
Desafío 30 días con *La mañana milagrosa*

"Una vida extraordinaria de lo que se trata es de hacer mejoras diarias y continuas en las áreas de mayor importancia".
—Robin Sharma

Por un momento, juguemos al abogado del diablo. ¿Podrá *La mañana milagrosa* de verdad transformar cualquier área de tu vida o de tu empresa en tan solo 30 días? ¿Existe algo que ejerza un impacto *así* de significativo y tan rápido? Bueno, recuerda que ya miles de personas lo han hecho y que, si les ha funcionado a ellas, sin duda, también a ti te funcionará.

Introducir o cambiar cualquier hábito requiere de un periodo de aclimatación, así que no esperes que sea fácil desde el primer día. Sin embargo, al hacer el compromiso contigo mismo de incorporar un hábito, comenzar cada día con la rutina de *La mañana milagrosa* y aprovechar los *S.A.V.E.R.S.* de vida se convertirá en el hábito fundamental que hará posible todo lo que deseas. Recuerda: *gana la mañana y estarás preparado para ganar el día.*

Los primeros días para cambiar un hábito, que suelen parecer insoportables, son solo un estado temporal. Aunque muchos debaten sobre cuánto tiempo toma implementar un nuevo hábito, existe una poderosa estrategia de tres fases que ha demostrado ser exitosa para las decenas de miles de personas que han aprendido a conquistar el botón del despertador para no dormir cinco minutos más y que ahora se levantan todos los días para disfrutar de su mañana milagrosa.

> **De insoportable a imparable:**
> *La estrategia de tres fases para adoptar cualquier hábito en 30 días.*

Al aceptar el desafío de 30 días para transformar tu vida con *La mañana milagrosa* podría decirse que esta es la estrategia más sencilla y efectiva para adoptar y conservar cualquier nuevo hábito en tan solo 30 días. Te dará la *mentalidad* y el método que necesitas a medida que creas tu nueva rutina.

Fase Uno: Insoportable (Días 1 a 10)

La Fase Uno es cuando toda nueva actividad requiere el mayor esfuerzo intencional —y levantarse más temprano que de costumbre no es algo diferente—. Estás luchando contra hábitos ya existentes, los mismos hábitos que se han ido arraigando a lo largo de los años hasta convertirte en *quien eres*.

Esta fase consiste en que la mente domina la materia ¡y esto es de gran importancia! El hábito de presionar el botón para dormir un poco más y no sacarle el mayor provecho a tu día es lo que te está impidiendo llegar a ser la superestrella del emprendimiento que siempre has sabido que puedes llegar a ser. Así que agárrate y sé fuerte.

En la Fase Uno, mientras luchas contra patrones ya existentes y creencias limitantes, sabrás de qué estás hecho y de qué eres capaz. Debes seguir avanzando, mantener el compromiso con tu visión y no retroceder. ¡Créeme cuando te digo que tú puedes hacerlo!

Sé que en el día 5 será desalentador saber que todavía te quedan 25 días antes de haber terminado tu transformación y haberte convertido en un madrugador de buena voluntad. Ten presente que en el día 5 en realidad vas a más de la mitad de la primera fase y vas por buen camino. Recuerda que tus sentimientos iniciales no durarán para siempre. De hecho, es una deuda que tienes contigo mismo: perseverar, ¡porque, en menos de nada, estarás obteniendo justo los resultados que deseas mientras te conviertes en la persona que siempre quisiste ser!

Fase Dos: Incómodo (días 11 a 20)

En la Fase Dos, tu cuerpo y tu mente comienzan a aclimatarse, a levantarte más temprano. Notarás que levantarse comienza a ser más fácil, aunque todavía no es un hábito, ni hace parte de ti, ni tampoco lo sientes como algo natural en ti.

La mayor tentación en este nivel es premiarte tomando un descanso, en especial los fines de semana. Una pregunta que nos hacen con frecuencia es: "¿Cuántos días a la semana te levantas temprano para hacer tu rutina de *La mañana milagrosa*?". La respuesta de Hal y mía, y la más común en las personas que han practicado *La mañana milagrosa* por mucho tiempo es: *todos y cada uno de los días*.

Cuando hayas superado la Fase Uno, habrás pasado el periodo más difícil. Así que ¡sigue adelante! ¿Por qué razón querrías volver a pasar por esa primera fase tomando uno o dos días libres? Confía en mí, ¡eso no te conviene!

Fase Tres: Imparable (días 21 a 30)

A este punto, levantarte temprano ahora no solo es un hábito, sino que, literalmente, ha pasado a hacer parte de *quien eres*, parte de tu identidad. Tu cuerpo y tu mente se acostumbrarán a tu nueva manera de ser. Estos 10 días siguientes son importantes para afianzar en ti el hábito de madrugar, así como cualquier otro hábito en tu vida.

A medida que te involucres en la práctica de *La mañana milagrosa*, también desarrollarás aprecio por las tres distintas fases del cambio de hábito. Un beneficio adicional es que comprenderás que puedes identificar, desarrollar y adoptar cualquier hábito útil, incluyendo los hábitos de un emprendedor excepcional que hemos incluido en este libro.

Ahora que has aprendido la estrategia más simple y efectiva para implementar y conservar con éxito un nuevo hábito en tan solo 30 días, también conoces la mentalidad y el método que necesitas seguir para completar el desafío de 30 días y transformarás tu vida con *La mañana milagrosa*. Todo lo que necesitas es comprometerte a comenzar y a terminar.

Piensa en las recompensas

Cuando te comprometas a enfrentar el desafío de 30 días con *La mañana milagrosa*, estarás construyendo un cimiento para obtener éxito en cada área de tu vida. Al levantarte cada mañana y practicar la rutina de *La mañana milagrosa*, comenzarás cada día con niveles extraordinarios de **disciplina** (la habilidad crucial para poder completar todos tus compromisos), **claridad** (el poder que generarás al concentrarte en lo más importante) y **desarrollo personal** (el factor determinante y de mayor importancia para tu éxito). Por tal razón, en los siguientes 30 días, verás que *te estás convirtiendo en la persona* que necesitas ser para crear los extraordinarios niveles de éxito personal, profesional y financiero que de verdad deseas. ¡Y en solo 30 días!

También estarás transformando el concepto de *La mañana milagrosa* que te emociona (y hasta te pone nervioso) al *tratar* de hacerlo un hábito para toda tu vida —en uno que seguirá desarrollándote para convertirte en la persona que necesitas para construir la vida que siempre deseaste—. Comenzarás a desarrollar tu potencial al máximo y verás resultados mucho más grandes que nunca.

Además de desarrollar hábitos de éxito, estarás desarrollando la **mentalidad** que necesitas para mejorar tanto a nivel interno como externo. Al practicar a diario los *S.A.V.E.R.S.* de vida, estarás experimentando los beneficios físicos, intelectuales, emocionales y espirituales del silencio, las afirmaciones, las visualizaciones, el ejercicio, la lectura y la escritura. De inmediato, te sentirás menos estresado, más concentrado, enfocado, feliz y más emocionado ante la vida. Generarás más energía, claridad y motivación para avanzar hacia tus metas y sueños más elevados (en especial, los que has estado posponiendo desde hace mucho tiempo).

Recuerda: tu vida mejorará *después*, pero solo después de que crezcas, te desarrolles y te conviertas en la persona que debes ser. Eso es justo para lo que te servirán los siguientes 30 días de tu vida. Serán un nuevo comienzo y tú serás una nueva y mejor versión de ti mismo.

¡Tú puedes hacerlo!

Si te sientes nervioso, con dudas o te preocupa no ser capaz de llegar al final de estos 30 días, relájate, es normal sentirse así, especialmente, si levantarte temprano en la mañana ya ha sido un desafío para ti en el pasado. No solo es normal que estés un poco dubitativo o nervioso, ¡pero esa es una buena señal! Es una muestra de que estás *listo* para comprometerte, de lo contrario, no te sentirías ansioso. Aquí vamos...

— Capítulo adicional —
La Ecuación Milagrosa y la Fórmula de Éxito del Emprendimiento

> *"Solo hay dos maneras de vivir tu vida. Una es como si nada fuera un milagro. La otra es como si todo fuera un milagro".*
> **—Albert Einstein**

La mañana milagrosa te propone que crezcas tú para que tu éxito también crezca. Es hora de tomar todo lo que has aprendido hasta este momento y combinarlo con dos de las mejores fórmulas de éxito que casi TODOS los grandes triunfadores en todos los campos usan para expandir sus posibilidades de manera consistente.

Cuando Hal y yo nos juntamos para trabajar en la autoría de este libro, comenzamos a comparar notas y a conversar sobre las diferentes filosofías y estrategias que cada uno hemos usado y que, a menudo, compartimos con otros emprendedores. Al conocer la Ecuación Milagrosa de Hal, vi que se asemejaba mucho a la Fórmula de Exito del Emprendedor que yo enseño y que, al mismo tiempo, la complementaba. Así que, hoy, estás con suerte. ¡Aquí tienes las dos!

Para comenzar, le pedí a Hal que compartiera su Ecuación Milagrosa contigo y luego seguiré yo con la Fórmula del Exito del Emprendedor. Tienes la opción de implementar cualquiera de las dos, o las dos, para que tus resultados crezcan.

La Ecuación Milagrosa
FI x EE = M

Soy Hal. ¡Espero que estés disfrutando tus mañanas milagrosas! A este punto, ya sabes que tú también puedes levantarte temprano y acelerar tu desarrollo personal mediante los *S.A.V.E.R.S.* de vida, así como mantener extraordinarios niveles de energía, una concentración inquebrantable durante todo el día y desarrollar e implementar de manera continua las habilidades y los principios de crecimiento propios de todo emprendedor. Pero sé que no llegaste hasta aquí solo porque quieres hacer que tu éxito crezca un poco. Tu deseo es hacer saltos cuánticos y generar resultados extraordinarios, ¿correcto? Bien. Y si además aplicas la siguiente fórmula en tu carrera como emprendedor, llegarás mucho más lejos: te unirás a la élite de mejor desempeño —*al 1% superior*.

Para dar esos saltos hay una estrategia adicional de gran importancia que debes añadir a tu caja de herramientas de negocios y se llama la Ecuación Milagrosa.

La Ecuación Milagrosa es la estrategia subyacente que usé para romper récords de ventas de manera consistente, llegar a ser uno de los soñadores más jóvenes en entrar al Salón de la Fama de mi compañía, convertirme en autor de *bestsellers* y en un conferencista internacional. Pero es algo más que eso. Es precisamente la misma ecuación que TODOS los triunfadores de mejor rendimiento —ese 1% superior— han usado para obtener resultados impresionantes, mientras el otro 99% se pregunta cómo lo hacen.

La Ecuación Milagrosa nació durante uno de mis "periodos de empuje" en Curco —un lapso de 14 días durante el cual la compañía fomentaba la competencia amigable y creaba incentivos para generar ventas récord tanto para el vendedor como para la compañía.

Aquel periodo de empuje en particular fue especial para mí por dos razones. La primera, porque estaba tratando de llegar a ser el primer representante de ventas en la Historia de la compañía en mantener la posición #1 por tres años consecutivos. La segunda, porque solo contaba con 10 de los 14 días para lograrlo.

Sabía que necesitaba ahondar más para lograr tal hazaña y mi temor e inseguridad eran un obstáculo más grande de lo normal. De hecho, dadas las circunstancias, pensé en reducir mi meta de ventas. Luego, recordé lo que uno de mis mentores, Dan Casetta, me había enseñado: "El verdadero propósito de una meta no es alcanzarla. Su verdadero propósito es desarrollarte para llegar a ser el tipo de persona capaz de alcanzar sus metas, sin importar si alcanzas una en particular o no. Lo que más importa es lo que llegas a ser al dar todo lo que tienes hasta el último momento, sin importar los resultados".

Así las cosas, tomé la decisión de seguir con mi meta original, aunque la posibilidad de no alcanzarla era un riesgo real debido al margen de tiempo tan limitado. Con solo 10 días para establecer un récord, sabía que necesitaba más concentración de la normal y que debía ser fiel a mi propósito e intencional para lograrlo. Sin duda, se trataba de un objetivo ambicioso y, como verás, uno que me exigió ahondar más para saber de qué era capaz.

Las dos decisiones que hacen posible lo imposible

Como con cualquier gran desafío, necesitaba tomar decisiones relacionadas con alcanzar esa meta. Por lo tanto, hice ingeniería inversa sobre el periodo de empuje preguntándome: si fuera a romper el récord en tan solo 10 días, ¿qué decisiones debería tomar ahora para luego comprometerme a realizarlas con antelación?".

Fue así como identifiqué dos decisiones que tendrían el mayor impacto. Solo después, comprendí que eran *las mismas dos decisiones que toman en algún punto de su vida todos aquellos cuyo nivel de rendimiento es óptimo.*

Esas dos decisiones se convirtieron en la base para la Ecuación Milagrosa.

La primera decisión: fe inquebrantable

Cuando vi que ya estaba enfrentando temor e inseguridad, comprendí que para alcanzar lo que parecía imposible, debía tomar la decisión de mantener una fe inquebrantable todos y cada uno de los días, *sin importar los resultados*. Sabía que vendrían momentos en los que dudaría de mí mismo y otros en los que estaría tan desviado el camino que la meta dejaría de parecer alcanzable. Pero, en esos momentos, debía superar la inseguridad echando mano de una fe inquebrantable.

Para mantener ese nivel de fe en aquellos momentos de desafío repetía lo que llamo el mantra milagroso:

"Yo _____ *(haré la siguiente venta, llamaré a 20 clientes potenciales y alcanzaré mi meta, etc.) sin importar nada más, no hay otra opción".*

Repetirme esto una y otra vez sirvió para programar mi mente subconsciente mientras dirigía mis pensamientos conscientes a fin de seguir avanzando hacia mi meta.

Comprende que mantener una fe inquebrantable no es algo *normal*. No es natural. Y es por eso que solo la practican las élites en cualquier campo de acción. Uno de los desafíos de mantener una fe inquebrantable es que no siempre se siente auténtica porque no tenemos cómo saber *con certez*a si va a funcionar o no. Es por eso que se llama fe. Y ese es uno de los componentes principales que hace a quienes la tienen parte de la élite. Los deportistas de élite son uno de los mejores ejemplos de personas que viven según la Ecuación Milagrosa y mantienen la fe inquebrantable en que ganarán todos los juegos y anotarán todos los lanzamientos que reciban, así casi ningún deportista gane todos los juegos, ni ningún jugador anote en todos sus lanzamientos.

Cuando era niño, fui gran fanático de Michael Jordan, uno de los más grandes jugadores de baloncesto en la Historia. Jordan ejemplificaba la Ecuación Milagrosa, manteniendo la fe inquebrantable en que podría anotar en todos los lanzamientos que hiciera. Si fallaba un lanzamiento, quería tener de nuevo el balón, porque sabía que sería capaz de anotar en el siguiente lanzamiento. Y si fallaba dos lanzamientos seguidos, quería de nuevo el balón, porque seguía manteniendo la fe inquebrantable en que convertiría en el tercer lanzamiento. Y si al tercero también fallaba, quería tener el balón una vez más, porque sabía que anotaría en el cuarto intento.

El hecho es que los mejores jugadores del mundo quieren el balón una y otra vez porque en algún punto de su vida, ellos tomaron la decisión —consciente o inconscientemente— de que anotarían en todos los lanzamientos que hicieran, sin importar cuántos perdieran, así la posibilidad de perder siempre esté presente y sea, en últimas, inevitable.

Mientras que para el deportista promedio fallar un lanzamiento, o varios seguidos, afecta su confianza y hace tambalear su fe en sí mismo y en sus habilidades, ese no era el caso con Jordan. No importaba cuántos lanzamientos errara, él siempre mantenía una fe inquebrantable en que anotaría en *el siguiente*.

Incluso cuando el juego está en riesgo, su equipo va perdiendo y solo quedan unos segundos, son los jugadores de élite, los Michael Jordan del mundo, los que, sin titubear, les dicen a sus compañeros de equipo: "Pásenme el balón" y, ante esta petición, ellos suspiran con cierto alivio porque temen errar el lanzamiento que podría darles la victoria, mientras que los Michael Jordan entran a cada lanzamiento con una fe inquebrantable, a pesar de que puedan fallar. De hecho, durante su legendaria carrera, Jordan erró 26 lanzamientos decisivos y solo anotó 22. Sin embargo, su fe en que anotaría todos los lanzamientos nunca se debilitó.

Esa es la primera decisión que toman las élites del mundo y tú también la puedes tomar.

Cuando trabajas para alcanzar una meta y te has desviado del camino, ¿qué es lo primero que sale volando por la ventana? *La fe en que alcanzar la meta es posible.* Lo que te dices a ti mismo es: *"Estoy fuera. Al parecer, no voy a alcanzar mi meta"*. Y con cada momento que pasa, tu fe decrece y te consumes de inseguridad.

Esa fe, y la fe que necesitas para desarrollarte, no se basan en la probabilidad. Provienen de un lugar muy diferente. La mayoría de los emprendedores y empresas operan basados en lo que se conoce como *la Ley de los Promedios*. Pero de lo que hablamos aquí es de la *Ley de los Milagros*. Cuando pierdas lanzamiento tras lanzamiento (que en tu caso puede ser venta tras venta), deberás decirte a ti mismo lo que Michael Jordan se dice a sí mismo: *"He fallado tres, pero quiero que me pasen el balón otra vez y voy a anotar en el siguiente intento"*.

Por eso, no debes conformarte con la Ley de los Promedios. Tú tienes la habilidad y la posibilidad de elegir mantener esa misma fe inquebrantable, sin importar nada más, sin importar los resultados. En ocasiones, dudarás de ti mismo o tendrás un mal día, pero debes elegir de manera intencional (y hacerlo una y otra vez) mantener la fe inquebrantable en que todas las cosas son posibles y aferrarte a ella en tu recorrido, ya sea durante un periodo intensivo de 10 días o a lo largo de una carrera de 30 años.

Cuando les parece improbable alcanzar el resultado deseado, las personas promedio renuncian a creer que es posible obtener el resultado que anhelan.

Pero tú vas a repetirte una y otra vez este mantra milagroso:

Yo _____ (inscribiré al siguiente cliente potencial, llamaré a 20 clientes potenciales, alcanzaré mi meta) sin importar nada más. No hay otra opción.

Luego, solo es cuestión de mantener tu integridad y hacer lo que dices que vas a hacer.

Los deportistas de élite podrán estar teniendo el peor juego de su vida y es posible que en los primeros tres cuartos del juego no hayan podido anotar ningún punto, ni siquiera uno para salvar su honor. Sin embargo, en el cuarto tiempo, justo cuando el equipo más los necesita, ellos insisten, una y otra vez, en seguir haciendo lanzamientos hasta lograr esos puntos a favor que tanto se necesitan. Todo porque nunca se dan por vencidos, siempre quieren el balón, siempre creen y tiene fe en sí mismos y es así como, en la cuarta parte del juego, anotan tres veces la cantidad de puntos que habrían hecho en los primeros tres cuartos del juego.

¿Por qué? Porque se han condicionado para tener una fe inquebrantable en sus talentos, habilidades y destrezas, sin importar lo que diga el marcador o sus hojas de estadísticas.

Y...

Combinan su fe inquebrantable con la segunda parte de la Ecuación Milagrosa: esfuerzo extraordinario.

La segunda decisión: esfuerzo extraordinario

Cuando tiras por la ventana tu fe, el esfuerzo casi siempre va detrás. Te dices a ti mismo: *"Después de todo, ¿qué sentido tiene intentar hacer la venta o tratar de alcanzar mi meta si ya no lo lograré?"*. Y de repente, te encuentras preguntándote cómo hacer para encontrar al siguiente miembro estrella para tu equipo o cómo cerrar tu siguiente venta y alcanzar la gran meta que has estado tratando de conquistar.

Muchas veces, yo he estado en esa posición, sintiéndome derrotado, pensando: *"¿Qué sentido tiene ni siquiera intentarlo?"*. Como emprendedor, si estás a la mitad del mes y deberías estar en $50.000 dólares, pero no vas sino en $7.500, comienzas a pensar que *no hay manera de alcanzar tu meta*.

Es ahí donde el esfuerzo extraordinario entra a operar. Debes mantenerte concentrado en tu meta inicial —conectado a la visión que tenías, con ese gran *porqué* que albergabas en tu corazón y en tu mente cuando te la fijaste en un comienzo.

Entonces, al igual que yo, tú también deberás aplicarle ingeniería inversa a tu meta. Deberás preguntarte: *"Si estuviera al final de este mes y tuviera que cumplir esta meta, ¿qué tendría que hacer para alcanzarla? ¿Qué debería hacer?"*.

Y cualquiera que sea la respuesta, tendrás que emprender acciones contundentes y dar todo lo que tengas, sin importar los resultados.

Deberás creer que todavía puedes hacer sonar la campana del éxito al final. Necesitarás mantener una fe inquebrantable y hacer un esfuerzo extraordinario hasta que suene la campana. Esa es la única manera de crear una oportunidad para hacer que el milagro ocurra.

Si haces lo que hacen las personas promedio —lo que nuestra naturaleza humana nos dice—, serás como todos los demás emprendedores promedio. ¡No elijas ser esa persona promedio! Recuerda: tus pensamientos y acciones se cumplen como si fueran una profecía.

Permíteme presentarte cuál es tu límite mediante el uso de la estrategia que, cuando la apliques, disparará tus metas y, prácticamente, asegurará la realización de cada una de tus ambiciones.

La Ecuación Milagrosa

Fe inquebrantable + esfuerzo extraordinario = Milagros

Es más fácil de lo que crees. El secreto para mantener una fe inquebrantable es reconocer que esta es una mentalidad y una *estrategia* —no algo concreto—. De hecho, es algo elusiva. Es un hecho que no siempre lograrás hacer *todas* las ventas, así como ningún deportista anotará en t*odos* los lanzamientos. Así que necesitarás programarte para tener siempre esa fe inquebrantable que te impulse a seguir haciendo un esfuerzo extraordinario a pesar de los resultados.

Recuerda, la clave para poner en práctica esta ecuación, para mantener una fe inquebrantable en medio de la inseguridad es *el mantra milagroso*:

"No importa lo que suceda, yo voy a _____. No hay otra opción".

En mi caso, hace poco mi mantra fue: "No importa lo que suceda, voy a generar $1.5 millones de dólares en ingresos. No hay otra opción".

Cuando establezcas una meta, plantéala de acuerdo al formato del mantra milagroso. Sí, repetirás tus afirmaciones cada mañana (y también cada noche). Y además, te repetirás a ti mismo tu mantra milagroso cada día, todos los días, al ir conduciendo o cuando tomes el tren para ir a la oficina, mientras estás en el gimnasio, en la ducha, en la fila del supermercado, yendo a recoger a un cliente potencial — en otras palabras, a *donde quiera que vayas*.

Este fortalecerá tu fe y será la conversación que tendrás contigo mismo —la que necesitas sostener para hacer una llamada más o hablar con un prospecto más.

Lección adicional

Recuerda lo que aprendí de mi mentor, Dan Casetta: *el propósito de una meta no es alcanzarla, sino desarrollarte y llegar a ser el tipo de persona que alcanza sus metas, sin importar si alcanzas esa en particular o no. Lo que más importa es quien llegas a ser al dar todo lo que tienes hasta el último momento y a pesar de los resultados.*

Debes convertirte en el tipo de persona que *puede* alcanzar sus metas. No siempre vas a llegar a ellas, pero sí puedes convertirte en alguien que mantiene una fe inquebrantable y hace esfuerzos extraordinarios sin importar cuáles sean los resultados que obtengas. Así es como te conviertes en el tipo de persona que debes ser para alcanzar metas extraordinarias de manera consistente.

Y aunque alcanzar metas casi que carece de importancia (¡casi!), serán más las veces que las alcances, comparado con las que no. ¿Los deportistas de élite ganan siempre? No. Sin embargo, ganan la mayoría de las veces. Y tú también ganarás la mayoría de las veces.

Al final, lograrás convertirte en un madrugador, te levantarás más temprano, practicarás tus *S.A.V.E.R.S.* de vida con pasión y emoción, te organizarás, te concentrarás, serás intencional y dominarás todas las técnicas de venta como un campeón. Pero, si no combinas tu fe inquebrantable con tu esfuerzo extraordinario, no alcanzarás los niveles de éxito en ventas que buscas.

La Ecuación Milagrosa te da acceso a fuerzas más allá del entendimiento de cualquier persona, usando una energía a la que podríamos llamar Dios, Universo, Ley de la Atracción o incluso buena suerte. No sé *cómo* funciona, solo sé que *funciona*.

Si has llegado a este punto, es claro que deseas tener éxito más que cualquier otra cosa. Comprométete a cumplir cada aspecto del emprendimiento, incluyendo la Ecuación Milagrosa. Lo mereces y ¡quiero que lo tengas!

Manos a la obra:

1. Escribe la Ecuación Milagrosa y ponla donde puedas verla todos los días: Fe Inquebrantable + Esfuerzo Extraordinario = Milagros (FI + EE = M∞)

2. ¿Cuál es tu principal meta para este año? ¿Qué meta, si la alcanzaras, llevaría tu éxito a un nuevo nivel?

3. Escribe tu mantra milagroso: *Voy a* _____ *(introduce aquí tus metas y acciones diarias), sin importar nada más. No hay otra opción.*

Se trata más de quien llegas a ser y en quien te conviertes en el proceso. Expandirás tu autoconfianza y, sin importar tus resultados, la próxima vez que intentes alcanzar una meta, y cada vez después de ello, serás el tipo de persona que da todo lo que tiene.

La Fórmula de Éxito del Emprendimiento

C x F x E = E

Soy Cameron, de nuevo. Te daré esta última pauta. Ahora, recibirás un gran consejo. Se trata de la fórmula secreta para calcular las posibilidades de tener éxito en el emprendimiento. Es muy similar a la fórmula que Hal usó en la Ecuación Milagrosa. La que yo uso, la Fórmula del Éxito del Emprendimiento es *C x F x E = E*

La *C* es de *Concentración*. La *F* es de *Fe*. La primera *E* es de *Esfuerzo* y la segunda E es de *Éxito*. Lo que esto significa es que, tu *concentración* multiplicada por tu *fe*, multiplicada por tu *esfuerzo* es igual a tu nivel de *éxito*. Y en realidad, es interesante en términos matemáticos.

Para alcanzar el éxito real como emprendedor, todas estas tres áreas deben estar en funcionamiento.

Esta fórmula funciona en tus metas anuales, trimestrales, mensuales, semanales o incluso diarias. Los emprendedores deberían tener en cuenta, evaluar y escribir lo siguiente:

1. En una escala de 0% a 100%, ¿qué tan *concentrado* estás en todas las actividades que impulsarán y harán crecer tu empresa? ¿Se encuentra entre estas la de hacer la revisión de mediciones y datos clave (todos los días o semanalmente)? ¿La de conectarte con tu equipo y dirigirlo? ¿Qué tan concentrado estás en revisar tus principales metas y hacerle seguimiento a tu progreso con respecto a ellas? ¿Qué tan concentrado estás en ejecutar a diario lo que es verdaderamente importante para alcanzarlas? ¿Estás disperso? ¿Te estancas en las redes sociales o te concentras en terminar los proyectos de mayor impacto? De nuevo, en una escala de 0% a 100%, haz una autoevaluación honesta. ¿Día tras día, mantienes el 40% de tu concentración en actividades de alto nivel? ¿El 50%? ¿El 80%? ¿El 90%? Escribe el porcentaje que creas que se ajusta a tu nivel de concentración y mantenlo en un lugar visible.

2. ¿Cuánta *fe* tienes en ti mismo y en tu empresa? Me refiero a la fe en el hecho de tener el equipo correcto, fe en tu mercado, fe en tu producto, fe en tu futuro… ¿o estás dudando de ti mismo? ¿Te levantas en la mañana y piensas: "¡*Sí!* todo *está bien y sé qué es lo que estamos haciendo y me siento cómodo y seguro*"? ¿O te sientes nervioso, con temor y preocupado? Tu fe es el producto de tu confianza. ¿Cuánta fe tienes en tu equipo, en tu producto, en tu servicio y en lo que haces? ¿Cuánta fe tienes en tu propio conjunto de habilidades para hacer el trabajo de emprendedor? De 0% a 100%, ¿cuál es tu porcentaje de fe? ¿El 40%? ¿El 50%? ¿El 80%? ¿El 90%? Escribe también ese porcentaje.

3. Por último: *esfuerzo*. ¿Qué porcentaje de esfuerzo estás haciendo? ¿Estás dando el 100% o el 50%? ¿Tu trabajo está

lleno de días de esfuerzo, o estás haciendo un trabajo básico? ¿Te sientas con seriedad frente a tu escritorio y comienzas a hacer lo que necesitas? ¿Estás desperdiciando tiempo con el paso de los días y las semanas? ¿En un porcentaje de 0% a 100%, qué tanto esfuerzo estás haciendo? ¿El 60%? ¿El 70%? ¿El 80%? ¿El 90%? Escribe ese porcentaje.

Ahora, aquí es donde la magia de esta fórmula secreta comenzará a funcionarte. Toma tus porcentajes de cada una de las tres áreas: concentración, fe y esfuerzo, y multiplícalos. El resultado será tu probabilidad de éxito como emprendedor.

La Fórmula de Éxito del Emprendimiento

- Concentración x Fe x Esfuerzo = Éxito
- C x F x E = E
- ____% x ____% x ____% = ____% de probabilidades de éxito

Observa este ejemplo: un emprendedor dirigiendo su compañía, que tiene el 80% de concentración, el 80% de fe y está haciendo el 80% de esfuerzo pensaría que está teniendo gran éxito. Sin embargo, analiza el resultado:

- C x F x E = E
- ____% x ____% x ____% = ____% de probabilidad de éxito
- 80% x 80% x 80% = 51,2% de probabilidad de éxito.

Esa probabilidad de éxito no es muy alta. De hecho, les he dicho a algunos de mis clientes con cifras similares que sería mejor que se fueran a Las Vegas y pusieran el 100% de su efectivo disponible en la rueda de la fortuna, en los dados o en el póquer y lo apostarán todo en una sola jugada. Se ahorrarían mucho estrés.

Así un cliente tuviera porcentajes más altos, es decir, el 90% de concentración, el 90% de fe y el 90% de esfuerzo, su probabilidad tampoco sería demasiado impresionante.

- 90% x 90% x 90% = 72,9% de probabilidad de éxito.

La realidad es que, si los emprendedores quieren tener éxito, deben elevar esos porcentajes. Necesitan un mínimo del 98% o, por lo menos, eso es lo que yo necesito.

- 98% x 98% x 98% = 94,1% de probabilidad de éxito.

Ese sí es un porcentaje de probabilidad sobre el cual sí vale la pena apostar. Y para ser honestos, si comienzas tus días con la mentalidad de *La mañana milagrosa*, estarás disponiéndote y disponiendo a tu compañía para seguir el camino hacia el éxito.

Así es como yo uso esta fórmula para que me sirva de guía y me motive. Cada trimestre, cada mes, cada semana y, a veces, todos los días, escribo mis porcentajes y evalúo cómo voy. Por ejemplo, al momento de escribir este libro, estos son mis porcentajes en relación con Alliance COO, mi nueva empresa:

- C x F x E = E
- 90% x 95% x 90% = 76,9% de probabilidad de éxito.

Mi probabilidad de éxito todavía no es muy alta, así que, es hora de incrementar cada uno de esos tres porcentajes en lo que se relaciona con el enfoque básico de esa empresa.

¿En qué punto te encuentras con respecto al enfoque principal de tu empresa?

Comentarios finales

¡Felicitaciones! Has hecho lo que solo un pequeño porcentaje de lectores hace: leer todo un libro. Y si has llegado hasta acá, eso me dice algo acerca de ti: que tienes sed de más. Que quieres ser más, hacer más, aportar más y ganar más.

Justo ahora, tienes la oportunidad sin precedentes de introducir los *S.A.V.E.R.S.* de vida a tu rutina diaria y en la de tu empresa. Actualízalas y actualiza también tu *vida* de tal manera que tengas una experiencia de primera clase, más allá de tus sueños más osados. No tardarás en comenzar a cosechar los astronómicos beneficios de los hábitos que a diario usan los soñadores con los más altos logros.

Dentro de cinco años, tu vida, tu empresa, tus relaciones y tus ingresos serán el resultado directo de *la persona en la que te hayas convertido*. De ti depende levantarte cada mañana y dedicar tiempo a llegar a ser la mejor versión de ti mismo. Así que, evalúa este momento en el tiempo, define una visión para tu futuro y usa lo que has aprendido en este libro para hacerla realidad.

Imagina por un momento el futuro cercano en el que te topas con el diario que comenzaste después de terminar este libro y en él encuentras las metas que escribiste para ti, los sueños que ni siquiera te atrevías a expresar en ese momento. Y al mirar a tu alrededor, ves que *tus sueños de aquel tiempo ahora constituyen la vida que estás viviendo*.

Párate ahora mismo al pie de la montaña que puedes escalar con facilidad y sin esfuerzo. Todo lo que debes hacer es seguir levantándote cada día a disfrutar de tu mañana milagrosa y practicar los *S.A.V.E.R.S.* de vida día tras día, mes tras mes, año tras año a medida que continúas llevándote a ti y llevando tu empresa y a tu éxito a niveles que van más allá de lo que nunca antes experimentaste.

Combina tu rutina de *La mañana milagrosa* con el compromiso de dominar tus destrezas, los principios de emprendimiento y la Ecuación Milagrosa para crear los resultados con los que la mayoría de las personas solo sueña.

Hal y yo escribimos este libro porque sabemos que te servirá para llevar cada área de tu vida al siguiente nivel, más rápido de lo que hoy crees posible. Los que hoy hacen milagros no nacieron haciéndolos, sino que decidieron dedicarse a crecer y desarrollarse a sí mismos y a sus habilidades para lograr todo lo que siempre quisieron.

Tú también llegarás a ser uno de ellos, te lo prometo.

Actúa: Desafío 30 días con *La mañana milagrosa*

Ya es hora de unirte a las decenas de miles de personas que han transformado su vida, sus ingresos y sus carreras de emprendimiento con *La mañana milagrosa*.

> **Cuatro pasos para comenzar
> el Desafío 30 días con *La mañana milagrosa***

Paso 1: Comprométete en el Desafío 30 días con *La mañana milagrosa*

A partir de este momento, disponte a comenzar hasta finalizar *el Desafío de 30 días con La mañana milagrosa a través de S.A.V.E.R.S.* de vida, poniendo en práctica cada sesión de ejercicios, afirmaciones, listas de verificación diarias, hojas de seguimiento y todo lo demás que necesitas para comenzar y terminar lo más fácil posible el desafío. Ahora, toma un minuto para organizar todo lo que necesitas para comenzar.

Paso 2: Planea para mañana mismo tu primera rutina de *La mañana milagrosa*

Si no has comenzado todavía, comprométete a hacerlo y programa tu primera rutina con *La mañana milagrosa* tan pronto como sea posible, lo ideal es que sea *mañana*. Sí, de hecho, escríbela en tu horario y decide dónde la vas a hacer. Recuerda que es recomendable salir de tu habitación para quitar las tentaciones de volver a la cama. Mi mañana milagrosa la realizo todos los días en el sofá de la sala mientras todos los demás en mi casa están dormidos. He escuchado de personas que hacen su rutina sentadas en medio de la naturaleza, en la entrada de su casa, en la cubierta de su patio o en un parque cercano. Haz la tuya donde te sientas más cómodo, pero también donde no tengas interrupciones.

Tercer paso: Comienza rápido y haz los ejercicios

Mientras más rápido comiences el Desafío de 30 días para transformar la vida con *La mañana milagrosa*, mejor. Como todo lo que vale la pena en la vida, completar con éxito este desafío de 30 días requiere algo de preparación. Es importante que hagas todos los seis *S.A.V.E.R.S.* Ten presente que tu mañana milagrosa siempre comenzará con la *preparación* que hagas desde el día o la noche anterior para alistarte mental, emocional y logísticamente. Esta preparación incluye seguir los cinco pasos estratégicos a prueba de pereza para levantarte, del Capítulo 2.

Paso cuatro: Busca un compañero a quien rendirle cuentas (recomendado)

La abrumadora evidencia de la correlación entre el éxito y la rendición de cuentas es irrefutable. Aunque la mayoría de la gente se resiste a dar cuentas, contar con alguien que nos anime a cumplir con estándares más altos que los que tenemos en este instante tiene un gran impacto en nuestra capacidad para hacer lo que nos proponemos. Es indudable que todos nos beneficiamos del apoyo de un compañero a quien rendirle cuentas, así que es muy recomendable, aunque no es obligatorio, que busques a alguien que haga parte de tu círculo de influencia (un amigo, un familiar, un colega, tu pareja, etc.) y que lo reclutes para el Desafío 30 días con *La mañana milagrosa*.

Tener a quien rendirle cuentas no solo aumenta las probabilidades de que cumplamos nuestras metas, ¡sino que unir fuerzas con otra persona es más divertido! Piensa que, cuando algo te emociona y estás comprometido a alcanzarlo, hay cierto nivel de poder en esa emoción y en tu compromiso individual. Sin embargo, cuando cuentas con un compañero de faena que también está emocionado y comprometido como tú en lograr la meta, el resultado está más asegurado y es mucho más contundente.

Llama o envíale un mensaje de texto, un correo electrónico a esa persona (¡o a más de una!) hoy e invítala(s) a unirse a ti en el Desafío 30 días con *La mañana milagrosa*. No le(s) costará nada y estarás haciendo equipo con gente que también esté comprometida a llevar su vida al siguiente nivel, de tal forma que todos puedan apoyarse y animarse mutuamente, así como rendirse cuentas.

IMPORTANTE: No esperes a tener a bordo un compañero a quien rendirle cuentas para hacer tu primera rutina de *La mañana milagrosa*. ¡Comienza hoy mismo a transformar tu vida. Ya sea que hayas encontrado o no a alguien que se embarque contigo en el viaje, insisto en recomendarte que programes y hagas tu primera *mañana milagrosa*, sin importar nada más. No esperes. Estarás en capacidad de inspirar a otras personas a comenzar si ya has experimentado algunos días haciéndola. Comienza. Luego, tan pronto como puedas, invita a un amigo, un familiar, un compañero de trabajo a que también inicie rápido su rutina con *La mañana milagrosa*.

En menos de nada, tu(s) invitado(s) estará(n) en plena capacidad de ser tu(s) compañero(s) de rendición de cuentas y quizá también se sienta(n) inspirado(s).

¿Estás listo para llevar tu vida al siguiente nivel?

¿Cuál es el siguiente nivel en tu vida personal o profesional? ¿Qué áreas necesitan transformación para que alcances ese nivel? Date el regalo de invertir solo 30 días para hacer mejoras significativas en tu vida, un día a la vez. No importa cómo haya sido tu pasado, tú *puedes* cambiar tu futuro si cambias el presente.

Perfil de emprendedor

Pat Flynn

La compañía de Pat Flynn es Smart Passive Income.

Sus mayores logros en los negocios son:

- Pat Flynn es el autor de *Will It Fly?*, bestseller de *Wall Street Journal*.
- En el año 2015, obtuvo el premio al Mejor Podcast de Negocios de la Academia de Podcasters.
- Es consejero de compañías como LeadPages, ConvertKit y Pencils of Promise.
- Pat ha sido presentado en *Forbes* como uno de los principales líderes de negocios transparentes. Sus programas de podcast tienen más de 30 millones de descargas.

Cada mañana, su rutina consiste en:

- Pat se levanta a las 4:00 a.m., se lava la cara y se cepilla los dientes.
- Toma ocho onzas de agua y come pan tostado con mantequilla de almendras.
- Se estira y hace visualizaciones concentrado en lo que quiere lograr durante el día.
- Tres veces a la semana, va al gimnasio y practica el baloncesto. Los otros dos días, trabaja o escribe.

- Hace siete minutos de meditación y escribe en su diario durante cinco minutos.
- Luego, lee sus afirmaciones, seguido de tiempo de lectura hasta cuando sus hijos se levantan.
- Pasa tiempo con sus hijos y los alista para la escuela. Luego, él y su esposa los llevan a a la escuela.
- ¡Después, pasa tiempo con su esposa y su pequeña hija jugando, leyendo y disfrutando el resto del día!

— Conclusión —

Que hoy sea el día en que renunciarás a quien has sido para ser quien puedes llegar a ser

> *"Todos los días, al levantarte, piensa: 'Tengo la fortuna de levantarme, estoy vivo, tengo una vida valiosa y no la voy a desperdiciar. Usaré todas mis energías para crecer, desarrollarme y extenderles mi corazón a otros y beneficiarlos en todo lo que esté a mi alcance".*
> **—Dalai Lama**

> *"Las cosas no cambian. Nosotros somos lo que cambiamos".*
> **—Henry David Thoreau**

Hoy, estás donde estás como resultado de lo que *fuiste*, pero tu destino depende por completo de la persona que elijas ser a partir de ahora.

Esta es tu *hora*. Decide que hoy es el día más importante de toda tu vida porque la persona en la que te vas a convertir a partir de ahora, basada en las decisiones que hagas y las acciones que tomes, es la que determinará quién eres y dónde vas a estar el resto de tu vida. No pospongas el placer de crear y experimentar la vida (la felicidad, la salud, la riqueza, el éxito y el amor) que de verdad deseas y mereces.

Kevin Bracy, uno de mis mentores, siempre insistía: "No esperes a ser magnífico". Si quieres que tu vida mejore, primero, tú debes mejorar.

Con o sin un compañero de rendición de cuentas, comprométete a completar tu desafío de 30 días y comienza ahora mismo a disfrutar más que nunca de todo tu potencial. Imagina... tan solo en un mes, habrás avanzado bastante en la transformación de todas y cada una de las áreas de tu vida.

Sigamos ayudando a otros

¿Me permites que te pida un favor?

Si este libro ha aportado valor a tu vida, si crees que eres mejor después de haberlo leído y ves que *La mañana milagrosa* es un nuevo comienzo para llevar cualquier área de tu vida (o a todas) al siguiente nivel, espero que hagas algo por alguien que aprecies:

Dale este libro o préstale tu copia. Pídele que lo lea para que también él o ella tengan la oportunidad de transformar su vida para bien. O, si no estás dispuesto a renunciar a tu ejemplar todavía porque planeas volver a leerlo, puedes darles otro ejemplar sin más razón que esta: "Te amo y te aprecio, y quiero ayudarte a que mejores tu vida. Lee esto".

Si, al igual que yo, crees que ser un gran amigo (o familiar) consiste en ayudarles a tus amigos y seres queridos a ser las mejores versiones de sí mismos, te animo a compartir este libro con ellos.

Juntos estamos elevando la consciencia de la humanidad una mañana a la vez.

Muchas gracias.

Acerca de los autores

HAL ELROD es uno de los oradores con mayor clasificación en los Estados Unidos, como lo ha evidenciado su promedio de 9,7 sobre 10,0 entre múltiples capítulos de Entrepreneurs Organization (EO). Sin embargo, es más conocido como el autor de uno de los libros más transformadores jamás escritos (con más de 1.500 opiniones de cinco estrellas en Amazon): *The Miracle Morning: The Not-So-Obvious Secret Guaranteed to Transform Your Life (Before 8AM)*, el cual también ha sido traducido a 21 idiomas y es *bestseller* en todo el mundo.

La semilla para el trabajo de vida de Hal fue plantada a la edad de 20 años, cuando él fue hallado muerto en la escena de un horrendo accidente automovilístico. Un conductor ebrio lo arrolló de frente a una velocidad de 70 millas por hora, 11 de sus huesos se fracturaron, estuvo muerto por seis minutos y sufrió daño cerebral permanente. Sin embargo, después de seis días en coma, Hal despertó encontrándose frente a una realidad inimaginable la cual incluía el informe de los médicos certificando que no podría volver a caminar. Desafiando la lógica de los médicos y demostrando que todos somos capaces de superar adversidades que parecen imposibles de afrontar y que nos impiden lograr todo lo que nos propongamos en la mente, Hal no solo volvió a caminar, sino a correr una ultra maratón de 52 millas, se convirtió en un famoso triunfador, autor de exitosos libros, reconocido conferencista y presentador del podcast con mejor calificación en iTunes, *Achieve Your Goals*.

Lo más importante es que Hal está más que agradecido por estar casado con la mujer de sus sueños y tener dos hijos con quienes comparte su vida en Austin, Texas.

CAMERON HEROLD es conocido en todo el mundo como el gurú del crecimiento empresarial.

Es la mente maestra detrás del crecimiento exponencial de cientos de compañías. Cameron ha desarrollado una consultoría dinámica. Sus clientes actuales incluyen uno de los operadores móviles más grandes de la actualidad y una monarquía. Según sus clientes ¿qué es lo que más les gusta de él? El hecho de que no sea un hombre teórico y se base en su experiencia. Ganó su reputación como gurú del crecimiento empresarial guiando a sus clientes a duplicar sus utilidades e ingresos en tres años o menos.

Cameron fue emprendedor desde el primer día. A la edad de 21 años ya tenía 14 empleados. A los 35, había construido sus primeras dos compañías de *$100 millones de dólares*. A la edad de 42 años, diseñó el espectacular crecimiento de 1-800-GOTJUNK?, pasando de $2 millones a $106 millones en ingresos y con 3.100 empleados a su cargo, y lo hizo en apenas seis años. Durante ese mismo periodo, sus compañías lograron 5.200 apariciones en medios, incluyendo cubrimiento en el Show de Oprah.

Cameron no solo sabe cómo desarrollar empresas, sino que su desempeño en el escenario no tiene comparación. Al respecto, el editor actual de la revista *Forbes*, Rich Karlgaard comentó: "Cameron Herold es EL MEJOR ORADOR que jamás haya escuchado... él batea cuadrangulares".

Y cuando Cameron sale del escenario, no deja de enseñar. Es autor del *bestseller* a nivel mundial, *Double Double*, que va en su 7ª impresión y tiene múltiples traducciones en todo el mundo.

Cameron es un orador internacional con altas calificaciones y ha sido contratado para dar sus charlas en 26 países. También es el conferencista de mejor clasificación en el programa de Maestría en

Emprendimiento de EO/MIT y es un poderoso y efectivo orador en eventos de directores ejecutivos y directores de operaciones en todo el mundo.

HONORÉE CORDER es la autora de 21 libros, incluyendo *You Must Write a Book, Vision to Reality, Prosperity for Writers, Business Dating*, la serie de libros *The Successful Single Mom, If Divorce is a Game, These are the Rules* y *The Divorced Phoenix*. También es la socia de negocios de Hal Elrod en la serie de libros *La mañana milagrosa*. Honorée entrena a profesionales de negocios, escritores y autores de no ficción que desean publicar *bestsellers*, crear una plataforma y desarrollar múltiples fuentes de ingresos. También hace toda clase de magia y sus cualidades son legendarias.

www.ingramcontent.com/pod-product-compliance
Lightning Source LLC
Chambersburg PA
CBHW030515080526
44586CB00011B/196